Criptomonedas El 1x1 de la inversión en Bitcoin y Altcoins 2022

Una guía para invertir inteligentemente en criptodivisas y obtener los máximos beneficios

Muchas gracias por la compra del libro y por las amenas horas, así como por la pasión por la lectura.

Los libros siguen siendo un valor añadido y no pueden ser sustituidos por nada en la sociedad actual.

Este progreso y el propio libro impreso se lo debemos a Johannes Guttenberg, que en 1452 empezó a imprimir un libro y a poner en papel palabras e ideas. Pero ya en la antigüedad, los primeros libros se escribían a mano. Desde el tercer milenio a.C., en el antiguo Egipto, el papiro (hierba de ciprés) se producía como material de escritura. La historia de la humanidad surgió en forma perpetua.

Me complace presentarles el tema de las Criptomonedas a mi manera, y les agradezco de todo corazón su interés y confianza.

Edición original de 2022

CONTENIDO

Sinopsis

Las monedas soberanas, como el Euro o el Dólar Estadounidense, son el llamado *dinero fiduciario,* lo que significa que no tienen ningún valor intrínseco o propio, a diferencia de las materias primas como: Oro, soja, tabaco, etc. Esto requiere una cierta confianza en el Estado y los bancos centrales, ya que, por ejemplo, las guerras, las crisis financieras o las sanciones, pueden reducir considerablemente el valor de la moneda. Era el momento de crear una nueva forma de comerciar con la moneda, en la que los usuarios de la misma no estuvieran sujetos a la confianza de nadie.

Aunque las Criptodivisas también son *dinero fiduciario,* evitan la legitimación de las transacciones por parte de terceros, como los bancos o gobiernos, mediante un ingenioso sistema de contabilidad. Todos los usuarios de Criptomonedas legitiman las transacciones por sí mismos mediante pruebas matemáticas. De este modo, la contabilidad es transparente y está a disposición de cualquiera, pero las partes implicadas en una transacción siguen siendo anónimas. El inventor del *Bitcoin, Satoshi Nakamoto,* escribe: *Con una moneda electrónica basada en pruebas criptográficas y que no requiere depender de intermediarios, el dinero es seguro y puede transferirse sin esfuerzo.*

Con el software adecuado y la conexión a Internet, las Criptomonedas pueden ser utilizadas por cualquier persona, sin importar en qué parte del mundo se encuentre. Los datos se almacenan de forma descentralizada, lo que significa que no se guardan todos en un solo servidor, sino que se almacenan de forma encriptada en el soporte de datos de cada usuario, por lo que no hay límites para las Criptomonedas. Además, el propio sistema establece cuántas nuevas emisiones, es decir, dinero recién impreso, se añaden al mercado. Existe incluso un límite superior para evitar la inflación, más adelante hablaremos de ello. Una idea muy interesante, pero ¿cómo se ponen en práctica estas ideas? A continuación, destacaremos juntos, los aspectos básicos de estas Monedas electrónicas.

Origen

La idea de una Criptomoneda surgió antes del cambio de milenio. *Nick Szabo* es especialista en tecnologías de la información, experto en Criptografía y jurista. En 1998, publicó su concepto de una moneda puramente digital que sería segura, anónima y no estaría controlada por ningún organismo gubernamental. Llamó a su concepto *Bitgold* y sentó las bases de la mayor y más conocida Criptodivisa de la actualidad, *Bitcoin*. Al mismo tiempo, el informático *Wei Dai* también publicó su concepto similar para una moneda segura y anónima, llamada *b-money*. Ambas teorías nunca llegaron a ponerse en práctica, aunque el *Bitcoin* que se desarrolló en el 2007 basándose en las ideas de *Szabo* y *Dai,* fue ligeramente modificado. En la actualidad existen miles de Criptodivisas, pero *Bitcoin* no sólo fue la primera de su clase, sino que la mayoría de las Criptodivisas se basan en el modelo de *Bitcoin*, por lo que servirá de ejemplo aquí.

En noviembre de 2008 se presentó al público el concepto acabado de *Bitcoin* y unos meses después, en enero de 2009, se publicó un Software de referencia. Sólo se menciona el seudónimo de *Satoshi Nakamoto* como desarrollador. A día de hoy (en 2020) se desconoce si hay un individuo o un grupo detrás de este nombre. Hay muchos mitos sobre la persona o personas que se esconden tras este seudónimo. El candidato más probable es, por supuesto, *Nick Szabo*, que hasta hoy niega cualquier relación con este seudónimo.

En un comunicado, *Nakamoto* compartió con el mundo su visión de una moneda segura. El dinero sin valor intrínseco requiere confianza en el Estado o en la Política. La Criptomoneda debería contrarrestar un posible abuso de confianza por parte del Estado.

El 3 de enero de 2009, la red *Bitcoin* se puso en marcha y se *minaron* las primeras 50 *Monedas.* Como al principio no había un tipo de cambio oficial para la *Moneda,* se utilizó como base, el coste de la extracción de *Monedas,* es decir, las nuevas emisiones. En ese momento, el valor de un *Bitcoin* era de unos 0,08 centavos de Dólar por *Moneda.* En octubre de 2011, todavía era posible comprar un *Bitcoin* por 0,1 Dólares; en febrero de 2011, el precio había subido a 1 Dólar, y en junio de ese mismo año se negociaban 10 Dólares por *Moneda*. Se puso en marcha una tendencia alcista imparable que duró hasta finales de 2017. En ese momento, el precio de un *Bitcoin* era de 20.000 Dólares. Así que, si usted hubiera invertido 1.000 Dólares en *Bitcoin* en el 2011 y los hubiera cambiado en el 2017, hoy sería multimillonario. Tras alcanzar ese precio máximo, el precio volvió a bajar hasta algo menos de 4.000 Dólares. Desde entonces, el precio ha fluctuado entre 10.000 y 4.000 Dólares Estadounidenses (a partir del segundo trimestre de 2020).

Hasta el 2014, sólo había menos de diez Criptodivisas en total. Con el aumento del interés público en torno al *Bitcoin*, comenzó la era de las Criptodivisas. *Monedas* de funcionamiento similar fueron lanzadas una y otra vez bajo diferentes nombres, como *Ether* o *Litecoin*. En el primer trimestre de 2020, el número de *Monedas* superó las 5.100 (fuente: *coinmarketcap.com*). *Bitcoin* es, con una participación de alrededor del 63%, el líder del mercado en este momento.

Cómo funciona

La idea de una Criptomoneda es un sistema de pago que no se basa en la confianza, sino en pruebas matemáticas, y que no está controlado por nadie. En este capítulo, seguiremos las ideas centrales de una Criptomoneda y exploraremos los problemas que surgen en conjunto.

LIBRO DE CAJA

Imagine un grupo de tres personas que se prestan dinero o se pagan por algo. Pequeñas cantidades de dinero son intercambiadas entre los participantes una y otra vez.

El negocio va cada vez mejor y los tres intercambian cantidades de dinero con mucha más frecuencia. Para reducir la carga de trabajo, a las tres mentes inteligentes se les ocurre la idea de anotar simplemente la transacción en un libro de caja en lugar de ejecutarla ellos mismos y liquidarla después. Con una red de tres usuarios, las transacciones individuales podrían tener el siguiente aspecto: El *usuario 1* da al *usuario 2 300 Dólares*, el *usuario 3* da al *usuario 1, 50 Dólares*, el *usuario 2* da al *usuario 1, 20 Dólares*. En qué se gaste el dinero los usuarios, es asunto de cada uno.

El libro de caja debe ser público y cada usuario de la red, debe tener la posibilidad de añadir una línea al libro de caja, en un momento acordado, el libro de caja y las transacciones son visualizadas y liquidadas conjuntamente por los usuarios. El *usuario 1,* por ejemplo, ha gastado aquí más dinero del que ha recibido y, por lo tanto, debe pagar la diferencia de 230 Dólares al fondo común existente. El *usuario 3* también ha vivido por encima de sus posibilidades y ha gastado 50 Dólares sin recibir ningún pago. El *usuario 2* es el único que recibió una gran cantidad de dinero, 300 dólares, mientras que sólo gastó 20 Dólares. Este puede considerarse afortunado ya que, obtiene 280 Dólares del fondo común, exactamente la cantidad que los otros usuarios tuvieron que depositar.

Hasta aquí todo bien, pero ¿qué impide a un usuario malintencionado, introducir una transacción en el libro de caja a su favor? El usuario *1* simplemente escribe: El *usuario 2* le da al *usuario 1, 500 Dólares*. A menos que, el sistema se base únicamente en la confianza, hay que idear una solución al respecto. Los tres concluyen que, la forma más sencilla es verificar cada transacción con una firma. Así que, a partir de ahora, cada usuario deberá firmar cada transacción antes de que pueda ser reconocida como válida. Por supuesto, la firma no debe ser falsificable por los demás usuarios.

Como los tres usuarios proceden de distintos rincones del mundo, deciden utilizar ordenadores para realizar sus transacciones. Esto significa, que a partir de ahora tendrán que firmar digitalmente sus transacciones. Pero ¿cumplirán también las firmas digitales los requisitos de alta seguridad para los tres? Tal vez, un usuario ambicioso podría simplemente, copiar la fuente de donde surge dicha firma digital y pegarla a su transacción en el libro de caja. Se necesitaba otra solución.

Clave

Aquí es donde entran en juego las dos claves asignadas a cada usuario de Criptodivisas. La primera clave es privada y sólo la conoce el usuario individual de la red. En primer lugar, se utiliza para calcular una firma única para cada transacción en función de los datos de la propia transacción. Aplicado al mundo real, esto significaría que todas las firmas en cada documento tendrían un aspecto completamente diferente y seguirían siendo válidas. Es decir, si se modifican los datos del documento, se modificará automáticamente la propia firma. Esto significa que, todo el documento perdería su validez porque ya no está firmado por el usuario. Al momento de una transacción, el artífice de esta auténtica firma es el único que puede firmar, ya que sólo él está en posesión de la clave privada. En un segundo paso, el sistema comprueba si la firma del usuario es válida con esta transacción. Para ello se utiliza la segunda clave. Puede ser utilizada por cualquier usuario, para comprobar si el propietario está en posesión de su clave privada en una transacción, sin haber visto la propia clave privada. La segunda clave es pública y se genera a partir de la clave privada. Se utiliza para determinar, en función de la transacción y la firma, si la transacción puede ser reconocida como verdadera. Así que la firma ya no puede ser simplemente copiada por nuestro ingenioso usuario 1 y colocada bajo una nueva transacción, ya que no coincidirían y él no tendría posesión de la clave privada para adivinar una firma coincidente.

En resumen, se calcula una firma digital infalsificable a partir de la primera clave en función de la transacción. En el segundo paso, esta transacción se verifica a través de la clave pública y finalmente se envía a todos los usuarios de la red.

Seguridad

Ahora, el ingenioso usuario 1 podría volver a tener la gloriosa idea de tomar simplemente una transacción y una clave pública y utilizarlas para adivinar la firma correcta. Simplemente prueba las firmas en un documento hasta que una encaje. Pero el *usuario 1* tendría que hacer gala de una gran resistencia y abastecerse de una enorme cantidad de bolígrafos, porque hay 2256 posibilidades diferentes de averiguar cómo podría ser esa firma de una clave cifrada de 256 bits. Este número inimaginablemente gigantesco tiene más de ochenta dígitos. Así, con una transacción verificada como verdadera, un usuario puede estar absolutamente seguro de que, el artífice estaba en posesión de la clave privada. De este modo, se descarta por completo la falsificación de la transacción bajo un nombre falso. El usuario 1 no tiene suerte.

DESCENTRALIZACIÓN

Muy bien, los tres usuarios se ponen de acuerdo para verificar sus transacciones mediante el sistema de dos claves y añadirlas en el libro de caja. Pero, surge otro problema: ¿Dónde debería guardarse el libro de caja? Confiarlo a un sólo servidor podría ser demasiado inseguro contra los ataques o la manipulación. Los tres tampoco querrán poner su libro de caja en manos de terceros. La solución obvia, sería simplemente almacenar el libro de caja en cada uno de los ordenadores de los usuarios. Cada usuario recibe una versión del libro de caja. Que, a su vez, debe actualizarse para cada uno si se produce una nueva transacción. Sin embargo, ningún usuario puede estar seguro de que las transacciones que recibe han sido obtenidas por los demás usuarios. Piense en las transacciones como una circular de propagandas, que anuncia una fiesta. Usted no puede estar absolutamente seguro de que otros hayan recibido esta invitación. Y si la han recibido, tampoco puede saber el orden en que sucedió. Puede imaginar el caos en el que se encuentran los usuarios. Este fue uno de los mayores problemas con las Criptomonedas: Todos debían tener la última versión del libro de caja, y también estar seguros de que los demás usuarios tuvieran la misma versión.

CERTIFICACIÓN LABORAL

En el caso de las Criptomonedas, se acordó una certificación laboral (véase el capítulo: *Prueba de trabajo*). Así, sólo se confía en el libro de contabilidad en el que se ha realizado la mayor parte del trabajo. Ahora, cuando un usuario firma una transacción, esta se envía a todos los participantes y debe ser verificada. Los usuarios recogen las últimas transacciones en los llamados Bloques y luego, utilizan funciones matemáticas para calcular la legitimidad de las transacciones. Dado que, estos se fundan unos con otros formando una cadena, se necesitaría una gran cantidad de trabajo para manipularla (véase el capítulo: *ataque del 51%*). Esta es otra razón importante, que hace que las Criptomonedas sean tan seguras.

TRANSPARENCIA

Así que, ya sabemos que el libro de caja o la cadena de transacciones, se almacena de forma descentralizada y anónima por los usuarios de la red. Para evitar un nuevo problema. Hay que asegurarse de que una transacción pueda asignarse realmente al *Bloque* precedente. Además, el beneficiario de una transacción no puede estar seguro, de que el mismo importe no haya sido transferido a otro lugar (*doble gasto*). Este problema se resuelve con la transparencia de las Criptomonedas. Todos los usuarios de la red pueden rastrear y comprobar de forma independiente cada una de las transacciones, ya que son de acceso público y se introducen en el libro de caja en función de cada una de ellas.

RESUMEN

Los tres usuarios acuerdan un protocolo a la hora de ejecutar las transacciones de la siguiente manera:

1. Las nuevas transacciones deben ser firmadas y enviadas a los demás usuarios.

2. Todos los usuarios las reciben y las introducen en las páginas individuales del libro de caja.

3. Los usuarios individualmente comprueban las nuevas transacciones en las páginas del libro de caja.

4. Si las páginas del libro de caja están legitimadas, un usuario envía su página a todos los demás usuarios.

5. A continuación, los demás usuarios añaden la página legitimada a su diario.

Este es el funcionamiento aproximado de las transacciones dentro de una Criptomoneda. En los próximos capítulos nos adentraremos en la aplicación práctica y en los antecedentes técnicos concretos.

Práctica

Aunque conocer el funcionamiento de una Criptomoneda es ventajoso, no es necesario para utilizarla. Todo lo que usted necesita para participar en las operaciones, es un smartphone o un PC con una conexión estable a Internet. Sin embargo, todavía hay algunos puntos que discutir sobre las Criptomonedas que son importantes para su uso. En este capítulo, también encontrará instrucciones paso a paso sobre cómo crear un *Monedero*, un *Monedero digital* para sus *Bitcoins*, y cómo realizar transacciones. Además, echaremos un vistazo a la prevalencia de las Criptomonedas y a las normas generales de seguridad que debe conocer. Por último, hablaremos de las formas de operar en el mercado de Criptomonedas sin comprar la propia *Moneda*.

INTRODUCCIÓN

Dado que *Bitcoin* es la variante más común de una Criptodivisa y fue la primera de su tipo, servirá aquí como ejemplo principal. El principio de aplicación es el mismo o similar para otras Criptomonedas y, por lo tanto, puede aplicarse a las diferentes variaciones.

En primer lugar, veamos cómo utilizar un *Monedero digital* en su smartphone. Es tan fácil de usar como una tarjeta débito o de crédito. Sin embargo, a diferencia de estos métodos de pago tradicionales, no se necesita un PIN o una firma para legitimar las transacciones. Lo único que tiene que hacer el comerciante, cuando usted haga una compra es escanear el llamado *código QR* de su *Monedero* para realizar el pago. Los *códigos QR*, al igual que los códigos de barras, son datos digitales, combinados visualmente en un *Bloque*. Los teléfonos inteligentes u otros escáneres tienen la capacidad de escanearlos y luego ejecutar los datos si es necesario. Una vez que el comerciante lo ha escaneado, se realiza el pago. Al igual que en la vida real, usted tiene un control total sobre su *Monedero*. Las transacciones a través del *sistema Bitcoin* están encriptadas según el estándar militar. Nadie más puede realizar transacciones, congelar su cuenta o acceder a su dinero sin su permiso. Si sigue las directrices y consejos generales de seguridad de los siguientes capítulos, no tendrá nada de qué preocuparse.

Como ya sabe, las Criptomonedas no conocen fronteras nacionales. Al igual que *PayPal*, pagar y recibir dinero funciona en cualquier parte del mundo, siempre que se disponga de la tecnología necesaria. Como no hay bancos de por medio, no hay que esperar. Para las Criptomonedas, no existen los fines de semana ni los días festivos. Con un tiempo medio de espera de unos diez minutos, todas las transacciones se procesan las 24 horas del día, todos los días del año, por los usuarios participantes.

En la mayoría de las Criptomonedas, las comisiones por transacción las fija el usuario. Los *Monederos* suelen tener una tarifa estándar para las transacciones, pero se puede acelerar el proceso de validación significativamente con tarifas más altas. Lo que hay que tener en cuenta es:

Cuanto más alta sea la tarifa que usted elija, más rápido se ejecutarán las transacciones. Lo maravilloso de este sistema es que, la comisión no está vinculada al importe que se transfiere. Una transacción de varios cientos de *Bitcoins* puede costar lo mismo que una transacción de un solo *Bitcoin*.

Probablemente, usted haya oído que el anonimato juega un papel importante en las Criptodivisas. Pero a segunda vista, el usuario se da cuenta de que las Criptomonedas son probablemente los sistemas de pago más transparentes del planeta. Todas las transacciones, junto con las *direcciones de Bitcoin* implicadas, se almacenan en toda la red a perpetuidad. Si, por ejemplo, quiere echar un vistazo a todas las transacciones realizadas hasta ahora en la *red Bitcoin,* visite el sitio web *Blockchain.com/es/btc/blocks.* En donde, cada participante puede rastrear y buscar el origen de estos datos utilizando la clave pública o la *dirección* del *Monedero.* Puede encontrar más información al respecto en el capítulo *Directrices generales de seguridad.*

Dado que el *Bitcoin* y otras Criptodivisas están todavía en sus inicios y nadie puede predecir el futuro del mercado, proceda con extrema precaución al especular. Tampoco se recomienda guardar los ahorros en *Monederos.* Las *tasas de Bitcoin* son extremadamente inestables. Esto se debe principalmente, a los relativamente pocos participantes en el mercado, ya que las Criptomonedas aún son muy jóvenes. Sin embargo, los saltos de precios también pueden ser causados por las buenas o malas noticias de la política y la economía. Esto puede hacer que el precio de una *Moneda* caiga en picado en pocas horas, si no en minutos. Así que, en el mejor de los casos, consulte a un experto antes de entrar con su capital en el mercado de las Criptomonedas. Si no pretende aumentar su propio capital, simplemente cambiando Criptomonedas por *Monedas* legales, se recomienda cambiar las *Monedas* recibidas en una *Moneda* oficialmente reconocida después de cada transacción.

El sistema de Criptomonedas hace imposible el reembolso. Dado que sólo el receptor de una transacción puede transferir el dinero de vuelta, es necesario tener suficiente confianza en el socio comercial. Por lo tanto, sea consciente de la seriedad de su socio comercial. Los errores tipográficos en una transacción suelen ser filtrados por el sistema, de forma similar a la transferencia tradicional de dinero a través de un banco, que no se procesan.

MONEDEROS

Un *Monedero* es el software utilizado para ejecutar y verificar las transacciones entre dos nodos. Que forman el corazón de una Criptomoneda. Existen muchas versiones diferentes de software de un *Monedero*. Algunos pueden ofrecer una gama amplia en cuanto funciones y características, pero por el contrario no tienen el mismo éxito en otras áreas, como los costes de transacción o la privacidad. Como puede ver, tiene la opción de elegir un *Monedero* que se adapte a sus necesidades. No obstante, los *Monederos* no se limitan al ordenador. Por ejemplo, si quiere pagar sus bienes y servicios con *Bitcoins* a diario, puede instalar un *Monedero* directamente en su smartphone. En los próximos capítulos, crearemos juntos un *Monedero* paso a paso en un PC con Windows y en un smartphone con Android.

Sincronización inicial

En el curso de la sincronización inicial, todas las transacciones de Criptomonedas disponibles en la red se descargan en un PC. Como ya sabe, las Criptomonedas funcionan de forma descentralizada y transparente. Por lo tanto, cada nuevo usuario tiene que descargar la *Cadena de Bloques* completa, para poder comprobarla posteriormente si es necesario. También garantiza que todos los usuarios estén en el mismo estado de las transacciones. Sin embargo, este proceso exige una gran cantidad de espacio en el disco duro. En el caso del *Monedero de Bitcoin Core,* la descarga de la *Cadena de Bloques* ocupa más de 250 Gigabytes de memoria (ver capítulo: *Nodo*). Por supuesto, el tiempo que tarde en descargar los datos en su ordenador, depende en gran medida, del ancho de banda de su conexión a Internet. Por desgracia, este proceso es necesario para la mayoría de las Criptomonedas. Por lo tanto, prevea un cierto tiempo de espera antes de poder empezar a operar a través de los *Monederos de escritorio.*

Instalar monedero: Windows

Ahora es el momento de crear un *Monedero* en el PC. Dado que *Bitcoin* es la Criptomoneda más fiable, utilizaremos *Bitcoin* como ejemplo. Normalmente, el proceso es idéntico o similar para otras Criptodivisas (a partir del primer trimestre de 2020) y, por tanto, puede aplicarse a otras Criptodivisas distintas de *Bitcoin*.

1. Lo primero que tenemos que hacer es descargar el *software del Monedero*. Para ello, visite la dirección web *Bitcoin.org/en/choose-your-wallet?step=5*

2. Ahora se le pedirá que elija un *Monedero de Bitcoin*. Dado que estamos trabajando en un PC con Windows, haga clic en el icono de Windows de la izquierda bajo el elemento de menú *Sistema operativo* o *Escritorio* (de los tres iconos, el de más a la derecha).

3. Ahora verá una lista de todos los *Monederos* disponibles. La lista de versiones disponibles también le mostrará la calificación del *Monedero* en términos de control, verificación, transparencia, entorno de software, privatización y coste. El *Monedero* en un PC con Windows se llama *Bitcoin Core*. El *Bitcoin Core* ofrece una calificación excelente en todas las áreas. El único inconveniente del *Bitcoin Core* es que, tiene menos funciones y requiere mucho espacio en el disco duro. Sin embargo, las ventajas superan a los inconvenientes con este *Monedero*. Por favor, haga ahora clic en *Bitcoin Core*.

4. Ahora será redirigido a la página de instalación del *Monedero*. Allí se le proporcionará más información sobre *Bitcoin Core*. Al hacer clic en el botón *Instalar* se accede a la página de descarga del *Monedero*. Allí se le mostrará de nuevo la última información importante antes de la descarga. Normalmente, el sitio web reconoce de forma independiente qué versión y arquitectura de bits (32 bits o 64 bits) necesita. Para descargar el software, haga clic en el botón *Descargar Bitcoin Core*. Guarde el archivo en un directorio de su ordenador y, por favor, asegúrese de tener suficiente espacio en el disco duro antes de ejecutarlo (para *Bitcoin Core* es más de 250 Gigabytes, véase el capítulo: *Sincronización inicial*).

5. Una vez descargado el software, ejecútelo haciendo doble clic en él. Es posible que tenga que ejecutar el programa con privilegios de administrador. Haga clic en *Siguiente* o *Next*.

6. Si no le gusta el directorio de instalación estándar, tiene la opción en este diálogo de ajustarlo si es necesario. Tenga en cuenta que tendrá que especificar otro directorio para almacenar la *Cadena de Bloques* más adelante. Este directorio debe tener 250 Gigabytes de espacio libre en el disco. Haga clic en *Siguiente*.

7. En este diálogo tiene la posibilidad, de elegir el nombre del *Monedero* en el menú de inicio. Si está satisfecho con el nombre, haga clic en el botón *Instalar*.

8. Después de la instalación exitosa, por favor haga clic en *Siguiente*. Ahora puede iniciar el *Monedero* directamente desde la instalación o manualmente desde el menú de inicio.

9. Cuando inicie por primera vez el *Bitcoin Core*, como se mencionó anteriormente, se debe descargar y verificar toda la *Cadena de Bloques* desde la primera transacción en 2009. Por lo tanto, aparecerá un cuadro de diálogo de bienvenida, en donde deberá seleccionar el directorio en el que desea almacenar los datos. Para crear un directorio personalizado, haga primero clic en la opción correspondiente del cuadro de diálogo. Ahora puede navegar hasta el directorio que desee utilizando el botón situado a la derecha del campo de texto y también crear nuevas carpetas si es necesario.

10. Ahora tiene la opción de ejecutar el *Monedero* en lo que se denomina *modo Prune*. En este modo, todos los *Bloques* de la *Cadena de Bloques* que han sido descargados y verificados por usted se descartan, ya que estos datos no son necesarios. Esto significa que, ya no es preciso actualizar toda la *Cadena de Bloques* cuando se realiza una transacción, lo que supone un ahorro considerable de espacio de almacenamiento. Se recomienda utilizar este modo especialmente a los usuarios con un

volumen de datos limitado. Desgraciadamente, la sincronización inicial y, por tanto, también la descarga de la *Cadena de Bloques* completa debe seguir realizándose en el primer arranque. El único inconveniente del *modo Prune* es que los demás usuarios de la red ya no tendrán acceso a los *Bloques* de transacciones históricas de su ordenador, lo que ralentizará la colaboración. Haga clic en *Aceptar* para iniciar *Bitcoin Core* y comenzar la sincronización inicial.

Una vez que, el *Monedero* se haya iniciado correctamente y la sincronización inicial haya comenzado, el programa le mostrará el progreso actual de la sincronización inicial. Al hacer clic en *Ocultar,* tendrá la opción de buscar en su *Monedero* ahora mismo. En el capítulo *Recibir Monedas / Enviar Monedas,* encontrará más información e instrucciones para el uso posterior de su *Monedero.*

Instalar Monedero: Android

Dado que los *Monederos* en un ordenador de escritorio son poco prácticos para pagar en las tiendas, ya existen, por supuesto, *aplicaciones de Monedero* para el smartphone. Aunque, como podrá comprobar, son extremadamente fáciles de usar, las *aplicaciones de Monedero* no son *clientes* completos *de Bitcoin.* Esto se debe principalmente a que no se carga toda la *Cadena de Bloques* en el teléfono durante la sincronización inicial, ya que esto probablemente superaría con creces la memoria disponible de la mayoría de los usuarios de teléfonos móviles. Pero ¿cómo se verifica entonces una transacción de forma segura en el smartphone? Todas las *aplicaciones de Monedero* utilizan lo que se conoce como *Verificación Simplificada de Pagos* (VSP) para este fin. Esta tecnología permite descargar sólo una pequeña parte de la *Cadena de Bloques* y luego verificarla. Lo que hace a este tipo de verificación completamente suficiente para una transacción segura.

También utilizamos *Bitcoin Monedero* como ejemplo, a la hora de crear un *Monedero* en su smartphone, ya que destaca por sus excelentes valoraciones en todos los aspectos. Instalarlo y utilizarlo en el smartphone no puede ser más fácil y está especialmente recomendado para personas sin conocimientos técnicos.

1. En el smartphone, el *Monedero de Bitcoin* se llama simplemente *Bitcoin Wallet.* Para instalarlo en su smartphone, primero visite la *Google PlayStore.* En la barra de búsqueda, simplemente introduzca el término *Bitcoin Wallet* y confirme.

2. A continuación, verá una lista de muchos *Monederos* diferentes. En este ejemplo, sin embargo, elegiremos el *Monedero de Bitcoin.* Basta con pulsar en la línea correspondiente de la lista.

3. Para descargar el software en su smartphone, simplemente pulse el botón *Instalar.* Ahora el software se descarga automáticamente desde la *PlayStore* a su smartphone y se instala. Este proceso puede llevar algún tiempo, dependiendo de la potencia de su smartphone.

4. Después de la instalación exitosa, el *Monedero* debe finalmente sincronizarse con la red. Esto no debería llevar mucho tiempo. Finalizado esto, usted ya podrá usar el *Monedero* en todo su esplendor.

Enviar Monedas: Windows

Para transferir *Bitcoins* desde su *Monedero de escritorio* a un vendedor o, por ejemplo, a uno de sus otros *Monederos,* siga estos sencillos pasos:

1. Primero haga clic en la pestaña *Transferencia*, que se encuentra en la parte superior del *Monedero de Bitcoin Core.*

2. En el primer campo de texto, debe introducir primero una dirección de destinatario. Esta dirección o clave suele ser proporcionada por el vendedor y sirve como número de cuenta de su *Monedero,* por así decirlo.

3. Debajo de esto, puede establecer opcionalmente un nombre para la transacción. La descripción se guardará en su libreta de direcciones, junto con la dirección del vendedor, por si quiere volver a acceder a esta dirección más adelante.

4. En el campo numérico que aparece a continuación puede especificar el importe que desea transferir. A la derecha, tiene la opción de especificar la unidad de pago. Al igual que la *Moneda* de curso legal, no existe una única unidad monetaria. BTC es el más alto. En honor al inventor del *Bitcoin*, la unidad más pequeña se llama *Satoshi* (0,001 BTC = 1 *Sathoshi*). A la derecha, puede especificar si desea o no deducir la tasa de transacción del importe a transferir. Si no es así, se añadirá al importe de la transferencia (para transferir todo el saldo en un solo clic, basta con pulsar el botón *Utilizar el saldo disponible*).

5. En la parte inferior de la ventana del *Monedero* verá las tarifas de su transacción. Normalmente se calculan a partir del tamaño de su transacción y siempre se ajustan a la tarifa media de la *red Bitcoin*. Si no está de acuerdo con la tarifa sugerida, haga clic en el botón *Seleccionar* junto a ella. En el menú contextual que aparece a continuación, se le mostrarán primero los detalles de la tarifa recomendada, incluido el tiempo medio que tardará su transacción en legitimarse. También puede establecer una tasa de transacción personalizada. Tenga cuidado de no fijar una cantidad demasiado baja, o su transacción podría retrasarse o no ser procesada en absoluto. Además, tenga en cuenta que una transacción sólo se considera segura después de unos seis *Bloques* verificados (la opción *Replace-By-Fee* cambiará y procesará su transacción por otras con una tarifa menor).

6. Una vez que haya introducido toda la información y los ajustes necesarios, haga clic en el botón *Transferir* para enviar su transacción.

7. En la pestaña *"Visión general"* puede seguir el estado de su transacción.

Enviar Monedas: Android

Para enviar *Bitcoins* a un destinatario a través de la *aplicación Bitcoin Wallet* en su smartphone, siga estos sencillos pasos:

1. Abra la *aplicación del Monedero de Bitcoin* en su smartphone y pulse *Enviar* en la esquina inferior derecha.

2. Ahora tiene la opción de introducir manualmente la dirección del destinatario o teclear el campo de texto correspondiente. Sin embargo, como esto permite errores de escritura y además es muy engorroso, le recomiendo que escanee el *código QR* del destinatario, si está disponible. Para ello, basta con tocar el icono de la cámara, que se encuentra en la parte superior derecha de la ventana actual. Ahora escanee el *código QR* del destinatario o introduzca la dirección manualmente.

3. Introduzca ahora el importe que desea transferir en el campo de texto correspondiente. El valor de los *Bitcoins* se convertirá automáticamente en Euros al tipo de cambio actual y se le mostrará.

4. Una vez que haya introducido y comprobado todos los datos necesarios, pulse el botón *Enviar*.

5. Ahora puede seguir su transacción en la ventana principal de la aplicación.

Recepción de Monedas: Windows

Para recibir *Bitcoins* en su *Monedero de Bitcoin Core*, el remitente sólo necesita una de sus direcciones de destinatario. Siga estos sencillos pasos para generar una nueva dirección de destinatario para su *Monedero:*

1. En primer lugar, haga clic en la pestaña *Recibir* en la parte superior de la ventana principal de *Bitcoin Core*.

2. Normalmente no es necesario rellenar ninguno de los campos de texto existentes. Sin embargo, para llevar un control de un gran número de transacciones, es aconsejable introducir un nombre para la transferencia. También puede especificar una cantidad determinada antes de la transferencia para evitar posibles malentendidos. Para asegurar que la

transacción se procese rápidamente, es aconsejable dejar activada la opción *Generar dirección SegWit nativa (Bech32)*. Las novedosas *direcciones SegWit* también ofrecen tarifas de transacción más bajas, además de un procesamiento más rápido y más datos por *Bloque*. Si está satisfecho con todos los ajustes, haga clic en el botón *Crear nueva dirección de destinatario*.

3. A continuación, se le mostrarán los datos de la dirección del destinatario recién generada en una nueva ventana. Basta con que el remitente de los *Bitcoins* escanee el *código QR* o le dé su dirección en forma de números y letras. En la parte inferior de la ventana, también tiene la opción de copiar la URL o la dirección con un solo clic y guardar el *código QR* en su ordenador.

4. En la pestaña *Resumen,* puede seguir el estado de la transacción.

También puede mostrar un resumen de todas sus direcciones *Bitcoin* utilizadas para este *Monedero*. Para ello, haga clic en la pestaña *Ventana de programa* de la barra de menú superior del *Monedero* y seleccione el elemento de la lista *Direcciones de destinatarios* en el menú contextual. Por supuesto, también se pueden mostrar todas las direcciones de los remitentes de la misma manera.

Recepción de Monedas: Android

Si quiere recibir *Bitcoins* en su *aplicación Bitcoin Wallet*, el remitente sólo necesita conocer su dirección de destinatario. En su *aplicación Bitcoin Wallet,* encontrará su dirección de destinatario en forma de *código QR* en la parte superior derecha de la ventana principal. Puede ampliar el *código QR* pulsando sobre él. Debajo de este, también encontrará la dirección de su destinatario en forma de números y letras, en caso de que el remitente no tenga la posibilidad de escanear su *código QR*. Tenga en cuenta que, por razones de seguridad, la dirección del destinatario cambia automáticamente después de cada transacción. Sin embargo, en esta aplicación también es posible enviar *Bitcoins* a una dirección que ya haya sido utilizada. Para ello, pulse sobre los tres puntos de la parte superior derecha de la ventana principal de la aplicación. A continuación, pulse *Enviar a la dirección antigua* en el menú contextual. A continuación, aparecerá el cuadro de diálogo *"Solicitar Bitcoins"*. Allí puede introducir el importe a solicitar y hacer que el remitente escanee el *código QR* para completar la transacción.

Adquisición

Para cargar su *Monedero de Bitcoin*, primero debe recibir o comprar *Bitcoins*. La forma más fácil y segura de comprar *Bitcoins* es a través de los llamados *intercambios de* Criptomonedas (véase el capítulo: *Intercambios de Criptomonedas*). A continuación, vamos a recorrer paso a paso el proceso de registro con un intercambio. Como ejemplo, utilizaremos la Bolsa Alemana *Bitcoin.de*, situada en Herford.

1. Acceda al sitio web B*itcoin.de* y haga clic en el botón de registro situado en la esquina superior derecha.

2. En primer lugar, se le pedirá que elija un nombre de usuario. Tenga en cuenta que el nombre que elija no podrá ser modificado posteriormente. Así que elíjalo con cuidado. Ahora introduzca su dirección de correo electrónico y la contraseña deseada en los campos de texto disponibles.

3. Si está interesado, lea los términos y condiciones y los acuerdos comerciales y confirme su consentimiento marcando las casillas disponibles. Debe aceptar todas las condiciones y acuerdos para poder continuar. Lo único que no tiene que aceptar es el boletín informativo. Ahora, por favor, haga clic en *Registro*.

4. Si la dirección de correo electrónico aún no está registrada, se le enviará un correo electrónico de confirmación a la dirección introducida en el transcurso del registro. Esto es para verificar su dirección de correo electrónico y puede tardar unos minutos. Si aún no ve el correo electrónico en su bandeja de entrada después de esperar un tiempo,

considere si el correo electrónico puede estar en su carpeta de spam. Después, vaya a la bandeja de entrada de su correo electrónico y confirme su inscripción haciendo clic en el enlace proporcionado en el correo electrónico.

5. Si todo ha funcionado correctamente, al hacer clic en el enlace se abrirá una nueva ventana del navegador en la que podrá iniciar sesión en *Bitcoin.de* con su dirección de correo electrónico o nombre de usuario y la contraseña que haya establecido.

6. Si ya ha iniciado sesión, observará que todavía tiene que introducir el llamado login-TAN, similar al del banco online. Esto se enviará a su bandeja de entrada, al igual que el correo de confirmación. Ahora vuelva a navegar a su buzón de correo. Copie el Login-TAN para mayor comodidad: márquelo manteniendo pulsado el botón izquierdo del ratón, haga clic con el botón derecho y copie. Ahora vuelva a la página de inicio de sesión y pegue el login-TAN en el campo de texto correspondiente (haga clic con el botón derecho del ratón en el campo de texto, Pegar). A continuación, haga clic en el botón de *inicio de sesión*.

7. En el siguiente paso, tiene que proporcionar información acerca de usted. La ley lo exige para evitar el lavado de dinero (véase el capítulo: *Distribución, Bitcoin-ATM*). Preste especial atención a la exactitud de la información. Una información incorrecta puede acarrear problemas legales en determinadas circunstancias. Además, su cuenta de usuario seguirá vinculada a su cuenta bancaria y también tendrá que identificarse para operar sin restricciones, por ejemplo, mediante el procedimiento Postident. Además, la información sólo puede modificarse posteriormente en casos excepcionales.

8. Después de confirmar sus datos una vez más, se le enviará un código de activación a su teléfono móvil por SMS. A continuación, debe introducir este código en el campo de texto correspondiente de la página siguiente

para completar el paso del proceso de registro.

Como último paso antes de empezar a operar, *Bitcoin.de* le pedirá que cree una cuenta bancaria verificada. Para ello, haga clic en el botón de *mi Bitcoin.de* en la esquina superior derecha y en *Configuración* en el siguiente menú contextual. En la lista que aparece, seleccione la línea de la *cuenta bancaria* haciendo clic en ella. Ahora tiene la opción de registrar su cuenta bancaria clásica o crear una *cuenta bancaria Fidor*. Para obtener más información sobre las ventajas de una cuenta Fidor, lea el texto informativo en *Bitcoin.de* y siga las instrucciones que allí se indican si decide utilizar este método. Por ejemplo, si desea verificar una cuenta corriente clásica, haga clic en *Continuar sin cuenta Fidor* e introduzca su IBAN. A continuación, tendrá que confirmar esta cuenta mediante el procedimiento Postident.

Una vez que haya confirmado su cuenta bancaria, estará autorizado a operar en los mercados de las Criptodivisas ofrecidas. Para ello, haga clic en el botón *Mercado* de la barra de menú. Haciendo clic en las pestañas de abajo, se le mostrarán los mercados de las diferentes *Monedas.* Por ejemplo, seleccione *BTC/EUR* para operar con *Bitcoins.* En la columna *Comprar,* se le indicará ahora todas las ofertas a través de las cuales puede comprar *Bitcoins* con Euros. En la fila *Vender,* verá todas las ofertas de los usuarios que quieren vender sus *Bitcoins* por una determinada cantidad en Euros. A través de los campos de texto situados encima de la lista, también puede buscar ofertas con una determinada cantidad de *Bitcoins* y filtrarlas por precio de compra o de venta. Si ha iniciado una compra de *Bitcoins* a través del mercado, *bitcoin.de* le enviará los datos bancarios del vendedor por correo electrónico. A continuación, deberá transferir el importe de la compra en Euros a la cuenta bancaria del vendedor en un plazo máximo de 36 horas. Ahora, deberá confirmar de nuevo la transferencia en *Bitcoin.de.* Una vez que haya transferido el importe de la compra, el vendedor enviará sus *Bitcoins* a su *Monedero online* en B*itcoin.de.* Puede comprobar el saldo de su *Monedero online* en cualquier momento haciendo clic en el botón *my bitcoin.de.*

Para transferir los *Bitcoins* comprados desde su *Monedero online,* por ejemplo, a la *aplicación de Monedero* de su smartphone, vaya a *myBitcoin.de* y haga clic en *Pagos.* Allí sólo tiene que introducir la cantidad a transferir y la dirección de recepción de su *aplicación de Monedero.* Asegúrese de que la dirección del destinatario esté escrita correctamente, porque una transferencia de Criptomonedas no puede ser revertida. *Los intercambios de Criptomonedas* también cobran una comisión por la transferencia, que se mide por las tasas de transferencia actuales de la Criptomoneda. Tras confirmar la transferencia con su *contraseña de Bitcoin.de,* se enviará un TAN a su smartphone, que deberá utilizar para confirmar la transacción. A continuación, los *Bitcoins* se envían directamente a su *aplicación de Monedero,* donde están disponibles para su uso posterior (véase el capítulo: *Distribución*).

Consejos de seguridad

Probablemente, el consejo más importante para gestionar las transacciones de forma segura es esperar a que se realicen varias verificaciones antes de confiar en una transacción. Según el principio de la *Cadena de Bloques,* una transacción no se considera segura y fiable hasta que haya sido verificada más de una vez por los distintos nodos. Cuantas más veces se haya verificado la transacción, más fiable será. Al comerciar con *Bitcoins,* se recomienda esperar seis verificaciones antes de creer en la transacción. La verificación tarda una media de diez minutos con *Bitcoin,* pero puede acelerarse enormemente si se fijan tasas más altas. Cuanto más altas sean las tasas, más rápido se procesará la transacción.

Al igual que en la vida real, debe proteger su *Monedero* del acceso no autorizado. Por lo tanto, se recomienda que no almacene su Monedero digital en entornos inseguros. Los servicios que almacenan su *Monedero* en Internet serían un ejemplo de entorno inseguro. La experiencia demuestra que estos servicios no están en absoluto protegidos contra los ataques externos. Así que, en el mejor de los casos, sólo guarde su *Monedero* en su ordenador privado o en su smartphone.

También debe evitarse almacenar grandes cantidades de dinero en su

Monedero, ya que el precio de una Criptodivisa está sujeto a fluctuaciones extremas. Por ello, guarde en su *Monedero* sólo la cantidad de dinero que necesite para su uso diario. Muchos *Monederos* ofrecen una encriptación integrada de sus datos. Usted también puede establecer una contraseña para acceder a los datos encriptados. Un robo de su ordenador o de su smartphone puede significar la pérdida total de su capital sin datos y contraseña encriptados. Especialmente los *Monederos* que se almacenan en línea corren el riesgo constante de ser robados por piratas informáticos malintencionados. Por lo tanto, asegúrese de utilizar una codificación para su *Monedero* (véase el capítulo: *Monedero de escritorio encriptado*).

Una pérdida de datos debido a un Hardware dañado, por ejemplo, podría tener consecuencias fatales, ya que su clave privada también podría perderse en este caso. Por lo tanto, es muy recomendable crear copias de seguridad periódicas de su *Monedero.* Asegúrese de hacer una copia de seguridad de todo el *Monedero* y no sólo de sus claves privadas y públicas, porque algunos *Monederos* utilizan claves privadas internas que no son visibles para el usuario y que, sin embargo, están relacionadas con su *Monedero* o su capital.

Para guardar su *Monedero* de la forma más segura posible, lo mejor es almacenarla en diferentes soportes, como una memoria USB, un disco duro externo o CDs/DVDs. Esto reduce al mínimo el riesgo de pérdida total de datos. También se han lanzado los primeros Monederos de Hardware (véase el capítulo: *Otros tipos de Monedero*). El *Monedero* se almacena en una memoria USB encriptada, por ejemplo, en la que no se pueden almacenar otros datos y, de esta manera, no hay registro del teclado, que almacenan todas las pulsaciones del ordenador y las transmiten a un hacker malintencionado.

Cuando elija su contraseña, asegúrese de que no tenga ninguna referencia personal de usted, como su fecha de nacimiento, dirección, nombre, etc. Los piratas informáticos astutos probarán primero este tipo de contraseña después de reunir información sobre usted. En el mejor de los casos, un sitio web genera una contraseña completamente aleatoria a partir de letras, números y caracteres especiales. Una contraseña de este tipo es difícil de recordar, pero ofrece la mejor protección contra los ataques de contraseña. Nunca debe olvidar su contraseña en el caso de las Criptomonedas, ya que hay poca o ninguna manera de recuperarla. Anotar su contraseña y guardarla en un lugar físicamente seguro al que preferiblemente sólo usted tenga acceso es una buena manera de protegerse en el caso de las Criptomonedas.

Si quiere que su *Monedero* esté lo más seguro posible, utilizar un segundo ordenador que no esté conectado a Internet puede ser una buena estrategia para usted. *Wallet Armory* ofrece este tipo de firma fuera de línea. Aunque esta medida de seguridad es costosa y tiende a ser utilizada por los usuarios más experimentados, merece ser mencionada. Los ordenadores que no están conectados a Internet ofrecen la mayor seguridad posible, ya que no pueden producirse ataques externos. Por lo tanto, el primer ordenador debe estar desconectado. Aquí es donde se almacenarán todos los datos de su *Monedero*. Sólo el ordenador fuera de línea es capaz de validar sus transacciones. El segundo ordenador sólo puede utilizarse para crear transacciones no validadas. En primer lugar, se crea una transacción no validada en el ordenador online, luego se transfiere al ordenador offline a través de un medio de almacenamiento, como una memoria USB, y se valida la transacción. Por último, se envía la transacción a la red a través del ordenador en línea. Incluso si su ordenador en línea ha sido comprometido por un software malicioso o similar, no se pueden realizar transacciones válidas.

La última cosa que recomendaría es mantener siempre su software de Criptodivisas actualizado. El software obsoleto puede tener vulnerabilidad de seguridad que los astutos hackers pueden aprovechar para perjudicarle. Como se ha mencionado anteriormente, las Criptodivisas están todavía en sus inicios, pero siempre se están desarrollando nuevas características y medidas de seguridad para que las Criptodivisas sean lo más fáciles y seguras de usar. Así que aproveche las oportunidades que se le ofrecen para asegurar su capital al máximo.

Monedero de escritorio encriptado
Una medida de seguridad ya comentada para proteger su *Monedero* de un

ataque hostil por parte de, por ejemplo, hackers malintencionados, es la encriptación de su *Monedero de Bitcoin core*. En este proceso, todos los datos relativos a su *Monedero* se encriptan mediante un algoritmo y sólo son accesibles a través de la contraseña establecida. Incluso si su ordenador fuese atacado por un hacker, éste necesitaría la contraseña para transferir sus *Monedas*. Si usted no encripta sus datos, un hacker puede acceder a los archivos no encriptados de su *Monedero*, donde puede encontrar su clave privada, entre otras cosas. Siga esta sencilla guía paso a paso para encriptar su *Monedero de Bitcoin Core:*

1. En la ventana principal del *Monedero*, haga clic en la pestaña *Configuración* que se encuentra en la parte superior. En el menú contextual, haga clic en *Encriptar el Monedero.../ Encrypt Wallet…*

2. Se abrirá un nuevo cuadro de diálogo. En este, debe introducir la contraseña deseada dos veces en los campos de texto correspondientes (si ya ha encriptado su *Monedero,* aquí tiene la opción de establecer una nueva contraseña). Al asignar una contraseña, se recomienda utilizar caracteres elegidos al azar en lugar de una palabra real, una fecha o algo similar. Haga clic en *Aceptar*.

3. Ahora verá una advertencia sobre las consecuencias de la codificación. Haga clic en *"Yes"* o *"Sí"*. El cifrado tardará un momento, durante el cual el *Monedero* puede dejar de responder a sus entradas.

4. Si la codificación se ha completado con éxito, se mostrará en otro cuadro de diálogo. Cierre la nueva ventana haciendo clic en *Ok*.

Ahora que ha encriptado su *Monedero de Bitcoin Core*, sólo podrá acceder a él tras introducir la contraseña correcta. Es decir, cada transacción requiere que se introduzca la contraseña. Además, tenga en cuenta, que el cifrado de *Bitcoin Core Wallet* sólo está disponible en el modo de visualización. Esto significa que sólo se pone a su disposición la información más necesaria, ocultándose todos los detalles. Sólo se puede acceder a ellos a través de la contraseña.

OTROS TIPOS DE MONEDEROS

Monedero de Hardware

Como se mencionó en el capítulo de *consejos sobre seguridad*, los *Monederos Hardware* ofrecen una de las alternativas más seguras para almacenar sus *Monedas*. En ellos, usted puede almacenar su clave privada en formato electrónico. Sin embargo, lo especial de este tipo de almacenamiento no es sólo la codificación. Dado que su clave privada siempre se almacena en el soporte de datos del *Monedero* y nunca sale de él, también es inmune a una toma de posesión hostil de su ordenador por parte de hackers o virus malintencionados. Incluso una pérdida física del *Monedero* no supondrá la pérdida de sus fondos. Al configurar el *Monedero,* se suele crear una llamada *semilla de recuperación*, es decir, una *copia de seguridad* con la que se puede volver a acceder al *Monedero*. Además, algunos *Monederos* le permiten anotar una clave durante el proceso de configuración, que puede utilizar para restaurar su *Monedero* si es necesario.

Uno de los *Monederos Hardware* más famosos y populares es el *Nano-S* de la empresa *Ledger*. Es compatible con muchas Criptomonedas, como *Bitcoin, Litecoin, Ether,* etc. Una de las desventajas de este método de almacenamiento de sus *Monedas* es, por desgracia, el coste de compra relativamente alto, pero la inversión en su seguridad merece la pena.

Monedero de papel

Una forma económica y a la vez segura de guardar un *Monedero* es el *Monedero de papel*. En este método, se anota una clave de recuperación en un papel, que el usuario puede utilizar para recuperar el acceso a sus *Monederos* cuando lo necesite. Normalmente, todos los tipos de *Monederos* proporcionan este tipo de respaldo. De este modo, si le roban o pierde sus datos digitales, restaurar sus *Monederos* no es un problema. *Los Monederos de papel* deben guardarse en un lugar seguro bajo cualquier circunstancia, ya que, si el papel se pierde o es robado, su *Monedero* se pierde irremediablemente. Para crear un *Monedero de papel o Paper Wallet* usted mismo, siga estos sencillos pasos:

1. Navegue por el sitio web *bitaddress.org* y, si así lo requiere, seleccione el idioma deseado, en la lista de idiomas disponibles en la parte superior de la página de inicio.

2. El sitio web le pedirá ahora, que mueva el cursor del ratón hacia adelante y hacia atrás dentro de su navegador. De esta manera, se seleccionan posiciones aleatorias de su ratón en la pantalla y entonces se generan las claves para su *Monedero*. También puede introducir un carácter aleatorio en el campo de texto correspondiente para que se generen sus claves.

3. Una vez completado el proceso, será redirigido a la siguiente página donde ya puede ver su clave pública y privada en forma de frase y de *código QR*. Debajo hay más información sobre su *Monedero*. Sin embargo, como queremos generar un *Monedero de papel*, ahora hacemos clic en la pestaña *Monedero de papel* en la parte superior de la página.

4. Ahora se le mostrará el *Monedero de papel* impreso como una vista preliminar. Usted tiene la opción de ocultar el fondo gráfico y seleccionar cuántas direcciones quiera generar para su *Monedero*. Introduzca el número en el cuadro de texto correspondiente y haga clic en el botón *Generar* o *Crear*. (También tiene la opción de proteger sus claves con una contraseña mediante el cifrado BIP38. Sin embargo, muchos M*onederos* de software no tienen la capacidad de importar claves protegidas por contraseña y utilizarlas. Si olvida su contraseña, esto también le impedirá acceder a su *Monedero*. Por lo tanto, se aconseja especialmente a los principiantes que no encripten sus direcciones).

5. Una vez, que haya creado sus direcciones como corresponde, haga clic en el botón *Imprimir*. Debería abrirse una nueva ventana con una lista de impresoras disponibles. Seleccione su impresora y haga clic en

Imprimir.

Ahora, solo falta añadir *Monedas* a su *Monedero de papel* con el fin de utilizarlo. Para ello, debe escanear su dirección pública desde una *aplicación de Monedero* de su smartphone mediante *un código QR*, y de esta manera, le enviará *Monedas* (véase el capítulo: *Enviar Monedas*).

Si quiere gastar *Bitcoins* o mover *Monedas* del *Monedero de papel* a su *aplicación de Monedero*, simplemente escanee la clave privada (ver capítulo: *Recepción de Monedas*).

Monedero online

Otra opción para almacenar sus *monedas* son los *Monederos* online. Se puede acceder a ellos desde cualquier lugar, sólo se necesita un dispositivo con acceso a Internet. Esto hace que *los Monederos online* sean una alternativa atractiva a los *Monederos* tradicionales.

Aunque su clave privada también sea gestionada por una empresa privada. Desgraciadamente, no se podrá saber de antemano, lo bien protegidos que están los servidores de esta empresa contra los ataques desde el exterior; habría que confiar totalmente en las declaraciones de la empresa. Otro problema es, que usted está confiando el control de su *Monedero* a un tercero, dándole también, en teoría, acceso a sus fondos. Algunas Bolsas de Criptomonedas ofrecen también *Monederos en línea*, además de comerciar con las distintas *Monedas*. Una de las Bolsas con mayor volumen de negocio con esta función es la Bolsa Estadounidense *coinbase.com*.

El 22 de mayo de 2010 fue un gran día para la historia de las Criptomonedas. Dado que, por primera vez un usuario cambiaba *Bitcoins* por bienes tangibles. En el foro de Internet *Bitcointalk* (*bitcointalk.org*) el inventor *Laszlo Hanyecz* escribió en un post que pagaría 10.000 *Bitcoins* por dos deliciosas pizzas, preferiblemente grandes. El repartidor de pizzas *Jercos* tardó cuatro días en aceptar la oferta y llevar a *Hanyecz* sus ansiadas pizzas. Hoy en día (a partir del segundo trimestre de 2020), un solo *Bitcoin* tiene el equivalente a 6.100 Dólares. Así, 10.000 *Bitcoins* tendrían un valor de nada menos que 61.000.000 de Dólares. Sin embargo, *Jercos* se desprendió rápidamente de sus *Bitcoins*, que en ese momento tenían un valor equivalente de sólo unos 400 Dólares Estadounidenses. Pero los dos socios comerciales no estaban disgustados por el lucro cesante; al fin y al cabo, las divisas se hicieron para negociar.

Desde aquel memorable día, las grandes empresas, no tardaron en conocer y dar merito a las ventajas de las Criptomonedas. Actualmente, hay millones de tiendas online y miles de comercios locales que aceptan *Bitcoin* y otras *Monedas* como forma de pago. Las *Monedas* digitales aún no pueden competir con proveedores de servicios financieros como *Visa* o *Mastercard*, pero en el 2015 la base de datos del proyecto *OpenStreetMap* (*openstreetmap.de*) ya incluía más de 6.000 tiendas y hoteles que aceptaban *Bitcoin* como medio de pago. Y la tendencia va en aumento. Después de que gigantes informáticos como *Microsoft*, *Facebook*, *Reddit*, *Dell* y otros siguieran la tendencia en el 2015, no hay nada que se interponga en el camino para que *Bitcoin* gane popularidad en todo el mundo. Además, algunas organizaciones benéficas y no gubernamentales, como *Wikileaks* (*wikileaks.org*), ya aceptan *Bitcoin* como forma de donación.

La estructura de las Criptomonedas hace difícil o imposible dar un número exacto de usuarios. En 2012, sin embargo, se estimaba en unos 10.000 basándose en mensajes inteligentes dentro de la red en el *canal de Bitcoin de Reddit* (*reddit.com/r/Bitcoin/*), y en 2014 había aumentado a más de 100.000. A finales de 2018, el número de *Monederos* existentes superaba los 32 millones. Por supuesto, esta cifra no debe interpretarse como si cada usuario tuviese un solo *Monedero*. Según el portal de estadísticas *Statista* (*de.statista.com*), las transacciones realizadas se triplicaron de 2016 a 2019 hasta alcanzar unas 350.000 al día. El *Bitcoin* y otras Criptodivisas son cada vez más populares y se están extendiendo inexorablemente por todo el mundo. En las siguientes subsecciones, iremos en busca de comercios online y locales que acepten *Bitcoin* como método de pago.

Encuentre un minorista en línea

La forma más fácil y segura de encontrar productos de *Bitcoin* en línea es a través del motor de búsqueda *spendabit.co* (Tenga en cuenta que *spendabit* sólo está disponible en inglés hasta el momento).

Aquí, al igual que en los buscadores convencionales como *Google* o *Bing*, puede introducir un término en el campo de texto y confirmarlo para iniciar la búsqueda. A continuación, se le presentarán todos los resultados o productos. Usted puede filtrarlos por región, precio y vendedor si es necesario. Si le interesa un producto, puede hacer clic en él para ir al sitio web del vendedor. Si decide comprar el producto, añádalo a su carrito de compra. Ahora, todo lo que tiene que hacer es proporcionar su dirección de envío y el método de pago, que, en este caso, sería el pago a través de *Bitcoin*. Si su *Monedero* está instalado en un PC, normalmente sólo tiene que hacer clic en un enlace para iniciar la transacción. Si utiliza su *Monedero* a través de un smartphone, normalmente es necesario escanear un *código QR*. Si almacena su *Monedero* en línea, es posible que tenga que transferir manualmente el importe de la compra. Una vez que el pago haya sido recibido por el comerciante, recibirá una confirmación por correo electrónico y su compra se pondrá en marcha.

Encuentre un distribuidor local

También es fácil encontrar un local en su zona que acepte *Bitcoin*. Para ello, diríjase al directorio en línea *coinmap.org* (tenga en cuenta que, por ahora, *coinmap* sólo está disponible en inglés). Aquí, al igual que en otros motores de búsqueda, puede ejecutar su consulta con un solo termino. Sin embargo, si no busca un local en concreto, también puede utilizar el mapa para ver todos los concesionarios de su zona. Además, en *coinmap* es posible introducir su propio negocio o empresa en la base de datos y acceder así a una base de clientes completamente nueva.

Busque un concesionario específico: En el mapa de *coinmap,* pulse primero en la pequeña lupa situada en la esquina inferior derecha. Esto abrirá la barra de campos de búsqueda en la parte derecha de la pantalla. Supongamos que, usted quiere saber si el *Hotel Lekkerurlaub* de Berlín acepta *Bitcoins* como forma de pago.

1. Introduzca el término *Lekkerurlaub* en la parte superior de la barra de búsqueda, en el campo de texto y confirme haciendo clic en la lupa o pulsando la tecla Enter.

2. Todos los resultados relevantes se muestran directamente debajo del campo de texto. Al hacer clic en el resultado de la búsqueda, accederá directamente a la ubicación del distribuidor en el mapa y obtendrá más información, como la dirección, el número de teléfono y el sitio web del proveedor.

Sin concesionario específico: Si no está buscando un concesionario en específico, se mostrarán automáticamente, todos los proveedores disponibles en el mapa, incluso sin un término de búsqueda. Para ver una zona más amplia del mapa, utilice los símbolos -- y + en el centro del extremo derecho de la pantalla. Es posible que tenga que ocultar primero la barra de búsqueda o utilizar la rueda del ratón para acercar y alejar el mapa. Si ha descubierto un restaurante interesante o similar en sus alrededores, sólo tiene que acercarse y hacer clic en el símbolo disponible. Si hay más de un proveedor en un lugar determinado, se agruparán bajo un círculo con el número de proveedores de ese lugar.

Al hacer clic en este círculo, el resumen se ampliará y podrá obtener más información sobre los proveedores en esta ubicación como es habitual. Para ocultar o filtrar los distintos sectores, haga clic en el icono de la barra de menú situada en la esquina inferior izquierda de la pantalla. En la barra de menú que aparece, se pueden mostrar u ocultar sectores, como la vida nocturna, el transporte o los hoteles con un solo clic.

Registre su propia empresa: Para registrar su empresa en la base de datos, inicie primero la sesión a través del botón inferior de *Inicio de sesión* en la barra de menú de la izquierda. Puede conectarse a través de *Facebook* o *Google*, por ejemplo, o puede crear una cuenta completamente nueva. Para ello, siga los pasos necesarios en *coinmap*. Una vez que se haya conectado correctamente, simplemente navegue hasta la ubicación de su negocio en el mapa. En el mejor de los casos, acérquese lo más que pueda a la ubicación. Ahora haga clic con el botón derecho del ratón en la ubicación en el mapa y seleccione *Añadir sede* en el menú contextual. A continuación, puede introducir toda la información pertinente de su empresa, como la dirección, el número de teléfono, el correo electrónico, etc. Una vez que haya terminado, simplemente haga clic en el botón *Guardar* para almacenar los datos. A continuación, su inscripción será comprobada por *coinmap*. Si la verificación es positiva, su entrada se añadirá a la base de datos y, a continuación, se mostrará potencialmente a cualquier usuario de *coinmap* que busque en su zona del mapa.

Monedas Bitcoin

Además de almacenar los *Monederos de Bitcoin* en soportes digitales, también es posible acuñarlos o almacenarlos en *Monedas* físicas. En el caso de los *Bitcoins Denarium físicos,* se almacenará el esquema privado de un *Monedero* en una base metálica, bajo un holograma a prueba de manipulaciones. Si se llegara a leer el holograma y dicho esquema privado, este se destruiría en el mismo proceso y, por lo tanto, sería inutilizable. En el caso de la *Moneda Denarium,* la clave se almacena como un *código QR* y un carácter bajo el holograma. Una vez leída la clave de la *Moneda,* usted puede importarla al software de *Bitcoins* y reclamar el capital almacenado. Dado que el valor de una *Moneda* está siempre relacionado con el *Monedero* subyacente y, por tanto, es variable, no hay unidades fijas en las que se distribuyan estas *Monedas*, a diferencia de las *Monedas tradicionales*. Normalmente, una *Moneda* está hecha de hierro o cobre bañado en oro y tiene poco valor intrínseco digno de mención, a parte del esquema privado. Sin embargo, como premio para los amantes de las Criptomonedas, merece mencionar que, las *Monedas* físicas van ganando cada vez más popularidad. Los precios pueden oscilar desde una cifra considerablemente baja, hasta llegar a rondar las cinco cifras. Un ejemplo de esto sería la compañía *Denarium*, que subastó *barras de auténtico oro 2018* incluyendo una *Moneda* de 55 gramos de oro.

Las *Monedas* físicas, por tanto, ofrecen otra forma de invertir en *Bitcoins*. Al igual que ocurre con las *Monedas* legales, el deseo de los usuarios de tener un acceso real a la *Moneda* está llevando a la proliferación de *Monedas* reales. Muchos países ya han introducido *cajeros automáticos de Bitcoin* donde el interesado puede cambiar sus Dólares o Euros por *Bitcoins* reales o de papel.

Cajero automático de Bitcoin

Los cajeros automáticos en los que se puede convertir la *Moneda* de curso legal en *Bitcoin* y viceversa ya no son una rareza en el mundo. En comparación con los cajeros automáticos convencionales, todavía hay relativamente pocos, pero con el reconocimiento de las Criptomonedas como medio de pago legítimo, la cifra de máquinas sigue en aumento. A finales de 2019, el número a nivel mundial ya ascendía a más de 6.000. Lo que también es interesante aquí es la distribución de los cajeros. Ya sean naciones corruptas o no, democráticas o comunistas, más de 80 países de todo el mundo albergan ya cajeros automáticos de *Bitcoin*.

Las máquinas se suelen utilizar de forma similar a un cajero automático tradicional. Un usuario selecciona una cantidad específica para cambiarla por una Criptodivisa. La legislación alemana exige la identificación del comprador, por lo que es posible que tenga que acercar su documento de identidad a la cámara disponible para proceder. Una vez completada la identificación, el importe seleccionado se convierte al tipo de cambio actual y se carga en su tarjeta de débito o crédito. La máquina solicita entonces una clave pública o la dirección de su *Monedero*. Puede hacer que se escanee en la cámara de la máquina a través de su smartphone. El importe de la compra se transferirá a su *Monedero*.

También es posible, que la máquina expendedora expulse un *código QR* impreso en papel (o una *Moneda*, si hay el recurso). A continuación, el código puede escanearse con el teléfono inteligente o el software de Criptomoneda y, de este modo, se reclama el importe adquirido. Hasta ahora, como en muchos otros países, estas máquinas sólo ofrecen el intercambio de *Bitcoin*, pero continuamente se añaden nuevas Criptodivisas.

Suiza siempre ha sido un país pionero en Europa en materia de finanzas, y no tardó en reconocer las ventajas de las Criptomonedas. Ya a principios de 2018, el Gobierno creó un *grupo de trabajo* sobre *Blockchain* para acelerar la regulación de las *Ofertas Iniciales de Monedas* (ver más abajo) y de las Criptodivisas en su conjunto. Entretanto (en el primer trimestre de 2020), ya existe más de 2.300 *cajeros automáticos de Bitcoin* en el pequeño país. Esta idea se llevó a cabo a través de los Ferrocarriles Federales Suizos. Las máquinas expendedoras de billetes ya estaban presentes en el sistema de transporte suizo de todos modos, sólo había que mejorarlas o transformarlas. Ahora, en Suiza, es tan fácil sacar billetes de tren como comprar *Bitcoins*. Sin embargo, sólo se puede cambiar un máximo de 500 francos por persona al día en cualquier momento, pero se deben cambiar al menos 50 francos en cada proceso. Dado que la legislación también exige la identificación del comprador a través de su número de teléfono o de móvil, esta variante es, por desgracia, poco anónima, pero ya se está pensando en las máquinas sin identificación. *Los cajeros automáticos de Bitcoin* son cada vez más populares entre la población suiza. Al inicio de la fase piloto en 2018, las máquinas ya eran utilizadas por 6.000 personas interesadas. La mitad de ellos incluso las utilizan regularmente y, por supuesto, cada día se suman nuevos usuarios. Pero Suiza no es el único país que está abriendo camino a las Criptodivisas. Cada día se instalan unos 15 *cajeros automáticos de Bitcoin* en todo el mundo. Estados Unidos ha ocupado su lugar, en el primer puesto de la lista. En la actualidad (principios de 2020) ya hay más de 5.500 *cajeros automáticos de Bitcoin* disponibles en Estados Unidos (fuente: *coinatmradar.com*). Pero ¿cuál es la situación en Alemania?

Por desgracia, cuando se trata del progreso técnico en la República Federal Alemana (*BRD*), el gobierno de este país es muy desconfiado y apático. La Autoridad Federal de Supervisión Financiera de Alemania (*BaFin)* clasificó, en una noticia informativa del 20 de diciembre de 2011 al *Bitcoin* como una unidad de cuenta y, por tanto, como un instrumento financiero. Esto significa, en pocas palabras, que existen grandes dificultades para instalar *cajeros automáticos de Bitcoin,* ya que el operador de un *cajero automático de Bitcoin* necesita licencias de la *BaFin* para ello, y hasta el día de hoy, la mayoría de los operadores siguen esperándola. Pero poco a poco se van flexibilizando las leyes y normas de la *BaFin, por* lo que el número de *máquinas expendedoras de Bitcoins,* podría pasar de 7 a principios de 2019 a unas 70 a principios de 2020.

Desde el 1 de enero de 2020, se aplican nuevas leyes y directrices a los proveedores de servicios financieros y a los bancos. Si estos querían adquirir una licencia, para instalar cajeros automáticos y comerciar con Criptomonedas, debían haberla solicitado a la *BaFin* antes del 30 de marzo de 2020. En caso de que los proveedores comercien con *Bitcoin* sin licencia o similar, la *BaFin* tomará medidas estrictas contra ellos, como ejemplo, el caso del operador de *cajeros automáticos KKT UG* de Berlín. Según la *BaFin*, esta empresa no tenía permiso para comerciar con Criptodivisas, por lo que se le ordenó el cese inmediato de sus operaciones. La razón por la que la persecución legal de los comerciantes sin licencia es tan estricta es, que hasta ahora no se había establecido ninguna regulación legal para la identificación del usuario. Esta normativa también se conoce como *"Conozca a su cliente".* Esto sirve principalmente para luchar contra el lavado de dinero, la delincuencia económica y el terrorismo. Pero esto no significa que, Alemania esté trabajando en contra de las Criptomonedas y sus máquinas. El *BaFin* decidirá sobre todas las solicitudes presentadas antes de octubre de 2020. Quien obtenga una licencia, tiene derecho a operar *máquinas expendedoras de Bitcoin.* Y no sólo los comerciantes privados y las organizaciones están cada vez más interesados en *Bitcoin*, también unos 40 bancos han presentado ya sus solicitudes al *BaFin.* Desde la nueva normativa sobre Criptomonedas del 1 de enero de 2020, se les permite ofrecer servicios de Criptomonedas con una licencia y también almacenarlas ellos mismos. Por eso, una prohibición de las Criptomonedas en Alemania es bastante improbable. Ya que, el *Bitcoin* se encuentra en un auge absoluto, y una elevada alza de sus cotizaciones está dentro del terreno de toda posibilidad. Aunque en Alemania, la consolidación hasta ahora este empezando, estamos en un buen camino hacia el futuro.

Si está interesado en los *cajeros automáticos de Bitcoin*, visite el motor de búsqueda *coinmap.org* o *coinatmradar.com* mencionados anteriormente. Allí encontrará todas las máquinas disponibles en su zona y en todo el mundo. Tenga en cuenta que, al igual que en Suiza, en Alemania sólo es posible canjear 500 Euros al día por persona.

DIRECTRICES GENERALES DE SEGURIDAD

Como se ha mencionado anteriormente, las Criptomonedas son más transparentes que cualquier otra *Moneda* oficial del mundo. Sólo se requiere la *dirección de Bitcoin* de su *Monedero* al realizar una transacción. Sin embargo, muchas compras requieren que revele su identidad al público, como una compra local. Esta dirección puede vincularse a las transacciones que ha realizado y, en última instancia, a usted mismo. Por lo tanto, las Criptomonedas no se consideran completamente anónimas. Sin embargo, hay formas de disfrazar su identidad y sus transacciones.

Una de estas formas es crear múltiples *direcciones* o claves públicas de *Bitcoin*. Otros usuarios no podrán ver sus otras direcciones y seguir las transacciones asociadas a ellas. Por lo tanto, dado que pueden seguir relacionadas a su *Monedero*, se recomienda que simplemente cree diferentes *Monederos* para diferentes propósitos. Por ejemplo, si usted separa los *Monederos* entre, el uso diario y las compras en línea, será muy difícil o imposible para otros usuarios seguir y rastrear sus transacciones de pago completas, porque las transacciones no apuntan todas al mismo *Monedero*.

Las Criptomonedas consisten en una red colaborativa y de gestión pública de usuarios denominada *red peer-to-peer* (*red P2P*). Dado que, usted necesita conectarse con otros usuarios para intercambiar datos, puede ser posible que otros participantes en la red capturen su dirección IP, la *dirección* pública de su ordenador, durante una transacción. También existen herramientas que pueden disfrazar su dirección IP en Internet para este problema. Un ejemplo de esto sería, el sumamente seguro *navegador Tor*. Este reenvía sus peticiones digitales a través de muchos nodos diferentes al servidor de destino y, por lo tanto, disfraza su origen real. Los llamados servidores proxy funcionan de manera similar, ocultando su dirección detrás de la misma.

Debido a que el sistema de Criptomonedas es tan transparente, se recomienda no revelar su clave pública ni su *dirección de Bitcoin* en Internet. Si forma parte de una organización o empresa y, por tanto, se ve obligado a hacer pública su *dirección de Bitcoin*, tenga en cuenta en todo momento que, las transacciones, incluidas las salientes, pueden ser rastreadas por cualquier usuario. Entretanto, los comerciantes y los proveedores de servicios también ponen a disposición los llamados *servicios de mezcla*. En una transacción de *servicio de mezcla*, el dinero de una transacción se envía de un lado a otro a través de múltiples *nodos* o *Monederos* una y otra vez para difuminar el origen de la transacción. Dado que, como se ha descrito anteriormente, no es posible revertir el dinero enviado, este tipo de servicio requiere un alto nivel de confianza entre los socios comerciales.

El principio del comercio de *Monedas digitales* es fundamentalmente sencillo: el usuario cambia, por ejemplo, su *Moneda* legal por *Bitcoins* y luego espera que el valor del *Bitcoin* aumente en el futuro. Más tarde, vuelve a cambiarla por *Moneda* legal para obtener una tasa más alta y beneficios. Por desgracia, este tipo de comercio no es para todos. Ya que, el capital disponible podría no ser suficiente para asumir un riesgo. Entonces, ¿qué otras oportunidades de negociación hay en el mercado?

Ya sea que, usted quiera beneficiarse de las pequeñas fluctuaciones de los precios o, seguir la tendencia actual, el mercado ofrece muchas opciones para participar en las operaciones. En este capítulo, echaremos un vistazo a las opciones más importantes que, le proporcionarán una base estable, para obtener un profundo conocimiento.

Intercambios de Criptomonedas

Si usted quiere comerciar directamente con Criptodivisas sin rodeos, el camino hacia un intercambio de Criptomonedas es inevitable. Al igual que en el caso de los instrumentos financieros clásicos, existen también, *mercados de Criptomonedas* en los que, se especula a diario con una gran variedad de mitos. Sin embargo, a diferencia de las Bolsas tradicionales, *las Bolsas de Criptomonedas* sólo existen de forma puramente digital. En la actualidad (en el primer trimestre de 2020) hay más de 90 Bolsas de diferentes Criptomonedas (fuente: *coinmarketcap.com*) y cada vez se añaden más. El intercambio más solvente es *Bitfinex* con 70 millones de Dólares Estadounidenses.

Los intercambios de Criptomonedas se suelen utilizar, solamente para negociar las Criptomonedas puras. Se cambian por *Moneda* de curso legal u otras Criptodivisas a través del mercado, con la esperanza de obtener un beneficio. Para participar en la acción, todo lo que tiene que hacer, es registrarse en uno de los intercambios de Criptomonedas con una dirección de correo electrónico válida y financiar su cuenta con un depósito. Ya que, por lo general, salvo algunas excepciones, los proveedores de los intercambios no proporcionan su propio *Monedero* en el que pueda almacenar su Criptodivisa, la mayoría de los intercambios de Criptomonedas requieren que tenga su propio *Monedero*.

La única diferencia entre las Bolsas es su liquidez y el número de Criptodivisas con las que se puede negociar. Algunas Bolsas sólo ofrecen las *Monedas* ya establecidas, mientras que otras negocian más de 10 Criptodivisas.

En el capítulo de *Adquisición,* encontrará una guía que le guiará a través del proceso de registro de un intercambio de Criptomonedas y de la realización de una compra.

ICOs

La oferta inicial de Monedas (ICOs) o la *oferta pública inicial de Monedas* (IPO), más a menudo anunciada bajo el término de *venta de Token*, son métodos de recaudación de capital público para las empresas. Este sistema puede considerarse como la primera oferta pública de una empresa en el mercado de valores. En el caso de la Bolsa, este proceso se denomina *Oferta Pública Inicial.* Es posible que usted haya oído o leído sobre las grandes *salidas a Bolsa de empresas tecnológicas* como *Facebook* o *Instagram.* Normalmente, a diferencia de las *IPOs,* las *ICOs* no están reguladas, lo que significa que no están supervisadas por un regulador financiero. Las *ICOs* o *ventas de Tokens* son necesarias para que una empresa consiga capital. De este modo, las Criptomonedas evitan la necesidad de obtener capital de terceros al no tener que pedirlo a bancos o inversores. Los inversores son también los usuarios o interesados del sistema. Todos los inversores o usuarios tienen la misma posibilidad de intercambiar *Monedas* gubernamentales, como el Euro o el Dólar Estadounidense, por la Criptomoneda, expresando así su fe en el sistema. Este tipo de recaudación de capital también se resume bajo el término *Micro financiación colectiva,* es decir, una asociación de usuarios que expresan conjuntamente su interés por el producto presentado y lo apoyan con medios financieros. La primera *ICO* alemana fue inaugurada el 2 de octubre de 2017 por la empresa emergente alemán o plataforma de compras de *Criptomonedas Wysker*. Los *Tokens* de la plataforma, llamados *Wys -Tokens,* se podían comprar durante la *ICO*. Eran el núcleo del sistema de compras. También podrían ganarse a través de, por ejemplo, reseñas de productos en la plataforma o especificando intereses. Los propietarios podían utilizarlos para cobrar descuentos o comprar productos. Los comerciantes también podrían utilizar los Token para posicionar mejor sus productos. Por desgracia, el interés de los inversores no se materializó. Sólo se ha podido reunir un 30% del capital previsto.

En realidad, la captación de capital a través de las *ICOs* o la microfinanciación es una idea interesante, pero al haber bastantes *ICOs* con intención fraudulenta, intervinieron reguladores financieros como la *Autoridad Federal de Supervisión Financiera alemana (BaFin)* o la *Comisión de Seguridad e Intercambio* de Estados Unidos (*SEC*). *La BaFin* advierte de los considerables riesgos que conlleva participar en una *ICO* o en la *compra de Tokens,* ya que son altamente especulativos y podrían provocar la pérdida total de la inversión debido a las elevadas fluctuaciones del precio. Otro problema es que, en caso de una mala inversión, es poco probable que se pueda cambiar por otra *Moneda*, ya que no existe un mercado secundario en el que se negocien los *Tokens* o *Monedas*. Además, las empresas o el sistema de *las ICOs* están en su mayoría todavía en sus inicios, es decir, su modelo de negocio está lejos de ser probado. Si participa en una *ICO*, preste especial atención a los términos y condiciones publicados en el *libro blanco* asociado y al modelo que lo sustenta. Si estos son turbios y poco comprensibles, es mejor dejar de lado esta oferta.

Hoy en día, un *corredor de Bolsa* es el intermediario entre la Bolsa y el operador. Su tarea es remitir todas las órdenes del operador a la bolsa y procesarlas. El *corredor de Bolsa* suele cobrar una comisión por cada transacción realizada entre el operador y la bolsa. Una *cuenta de corredor* le permite principalmente operar con instrumentos financieros en Criptomonedas que no están disponibles en las Bolsas de Criptomonedas. En este capítulo le daré información sobre los instrumentos más importantes. Tenga en cuenta que la negociación imprudente de este tipo de instrumentos puede conllevar pérdidas importantes. Antes de realizar cualquier inversión, lo mejor es consultar a un experto para obtener información completa sobre este tema.

Futuros

Este instrumento financiero se negocia en las Bolsas tradicionales desde 1864. Los *contratos de Futuros* son operaciones a plazo y se utilizaban originalmente para cubrir las fluctuaciones de los precios futuros. Los productos se compran a un precio en el futuro. Imagínese a un panadero que quiere comprar harina para su panadería. No tiene forma de saber si el precio de la harina no subirá bruscamente el próximo año. Por ejemplo, a raíz de los estragos que el mal clima pueda causar al grano. Así que, decide asegurarse mediante una operación a plazo. Hoy acuerda un precio fijo para el próximo año por el que comprará una determinada cantidad de harina al vendedor. Si los temores del panadero se hacen realidad y los precios de la harina se disparan, puede respirar aliviado, porque el año pasado ya había comprado harina a un precio más bajo. Él se lleva la harina a la casa. Y el horneado puede continuar.

El ejemplo muestra que, este tipo de contrato a plazo puede aplicarse a casi todo. Actualmente, usted puede celebrar *contratos de Futuros* en las principales Bolsas del mundo con productos como el tabaco, la soja, el trigo, el oro, el aceite, el tocino, el zumo de naranja y muchos productos más. Incluso, hay *Futuros* sobre acciones e índices bursátiles, como el *índice bursátil alemán* (*DAX*) o el índice bursátil *S&P-500* de Estados Unidos.

Sin embargo, el comprador de un contrato a plazo no está obligado a mantener el contrato hasta la fecha de entrega. Si es necesario, puede venderlo previamente a otra persona para obtener un beneficio debido a su valor incrementado. No obstante, aunque la mayoría de los *operadores de Futuros* apenas mantienen su contrato más de un día, a menudo incluso menos de una hora. Intentan beneficiarse únicamente de las puras fluctuaciones del precio del contrato. De este modo, es posible incluso ganar dinero con la caída de los precios, mediante la venta al descubierto, lo que constituye una gran ventaja del comercio de *Futuros* con relación a los métodos tradicionales.

El interés cada vez mayor del público y de los operadores por las Criptodivisas, llevó a las principales Bolsas a incluir los *Futuros* de Criptodivisas en su repertorio. Desde diciembre de 2017, los *contratos de Futuros* de *Bitcoins* pueden negociarse en la *Bolsa Mercantil de Chicago* (*CME*).

Sin embargo, las Bolsas o los *corredores de Bolsa independientes* (intermediarios o *creadores de mercado*) también ofrecen la posibilidad de negociar *Futuros* sobre Criptodivisas. Dos ejemplos son *Bexplus* y *BitMEX*. Especular con *corredores* como estos, ofrece la ventaja de un alto apalancamiento con un pequeño capital invertido, y sin límite de tiempo en los *contratos de Futuros*. Pero, no se recomienda mantener un contrato durante más de un día, ya que esto puede dar lugar a comisiones de transacción considerablemente más altas. Incluso con este tipo de inversión, usted debe ser consciente de que los precios están sujetos a fuertes fluctuaciones y de que, en caso de negociación imprudente, hay que esperar grandes pérdidas hasta el agotamiento del capital.

Opciones

Las opciones también se conocen como *Futuros condicionales* y también se negocian en las Bolsas de todo el mundo. Al igual que los *Futuros*, las opciones pueden basarse en cualquier tipo de activo subyacente. Las opciones se negocian sobre materias primas, valores de renta variable, índices y divisas. Por supuesto, las opciones con Criptomonedas como activo subyacente ya se han añadido al arsenal de las Bolsas. A diferencia de los *Futuros,* no existe una fecha de entrega legalmente vinculante para el activo subyacente de las opciones. Esto significa que, cuando se compra una opción, sólo se compromete a venderla más tarde por el activo subyacente, independientemente de que el valor haya subido o bajado. Si el activo subyacente sube de precio al final del plazo, el comprador obtiene un beneficio. En otras palabras, el comprador se asegura el derecho a vender el activo subyacente al final del plazo de la opción. De ahí el nombre de estos contratos. Dado que, además de las opciones de compra, se ofrecen opciones de venta, también se puede especular con la caída de los precios y obtener beneficios, de forma similar a los *Futuros.*

Al igual que los *Futuros,* este instrumento financiero se utiliza para protegerse de futuras fluctuaciones imprevisibles de precios, las opciones también suelen negociar la oscilación de cambio de estos. Una vez más, tenga en cuenta que la negociación de opciones, así como de *Futuros,* implica riesgos importantes y no debe abordarse a la ligera.

CFDs

Los *contratos por diferencia* pertenecen a la categoría de derivados. Se negocian de forma extrabursátil, es decir, sólo por los llamados *creadores de mercado* o *corredores de CFD.* El precio de un *CFD* se basa siempre en un activo subyacente específico. Con estos contratos, al igual que con los *Futuros* y las *Opciones,* puede haber ventajas como con cualquier otro producto (café, petróleo, acciones, etc.).

Una gran diferencia con respecto a las acciones, por ejemplo, es que la compra de *CFDs* no da lugar a la propiedad de la empresa. Aunque usted puede participar en la ganancia o pérdida de precio a través del activo subyacente, no posee una acción del valor subyacente.

Desde el 2018, los *CFDs* están sometidos a una mayor regulación por parte de los reguladores financieros. Esto se debe principalmente a los inversores privados que entraron en el comercio de forma imprudente y sufrieron importantes pérdidas. Los inversores privados podrían incluso perder más que su capital invertido debido al elevado apalancamiento de las *operaciones con CFD*. Antes de la regulación, los *CFDs* podían ser negociados con un apalancamiento extremadamente alto que, funciona algo así: Un *corredor de CFD*, es decir, un proveedor de estos productos financieros presta al operador la cantidad que debe pagar para adquirir el producto financiero, por así decirlo. El operador debe pagar al *corredor* un depósito de garantía, el llamado *margen*. Si la posición de un operador entra en pérdidas hasta el punto de que el *margen* ya no es suficiente para cubrir la posición, ésta se liquida y el margen se retiene. La ventaja del apalancamiento es obvia: Es posible operar con pequeñas fluctuaciones de precios con posiciones más elevadas, que de lo normal. Esta circunstancia conlleva enormes beneficios para una pequeña inversión, pero también grandes pérdidas. Según la decisión de la *Autoridad Europea de Valores y Mercados* del 1 de agosto de 2018, estas palancas elevadas ya no están permitidas, excepto para los operadores profesionales.

En la actualidad, todas las categorías de productos financieros cuentan con su propio apalancamiento, que se selecciona en función de la volatilidad del precio subyacente. Esto significa que, cuanto más extremas sean las fluctuaciones del precio de un instrumento, menor será el apalancamiento. El mayor apalancamiento sigue siendo el del par de divisas más populares, como el EUR/USD, con 1:30. Las Criptomonedas ocupan el último lugar de la lista con un apalancamiento de sólo 1:2.

Sin embargo, la regulación no sólo ofrece la desventaja de unas palancas más pequeñas. Por ejemplo, según la resolución, el corredor tiene prohibido decidir el cierre de la empresa de un operador, si este le causa demasiadas pérdidas. El corredor puede, de esta manera, hacer que el comerciante deba más de su capital, para luego poder reclamarlo.

Según las autoridades, todas estas medidas reguladoras están destinadas a garantizar la seguridad del inversor privado o, en el mejor de los casos, a aumentarla. Pero incluso hoy en día, las ventajas de los *CFD* no pueden descartarse de plano. A través del depósito de seguridad o *margen*, se puede negociar incluso con cuentas relativamente pequeñas de sólo unos cientos de Euros. Incluso es posible que usted cambie por centavos si lo desea. No es necesario comprar el valor subyacente de un producto financiero a través de los *CFD*. Esto significa que, es posible participar en las cotizaciones bursátiles, así como en las Criptodivisas con un precio elevado, incluso con inversiones mínimas. Por ejemplo, un contrato por diferencia sobre el valor subyacente de una *acción de Amazon* podría costarle apenas unos Euros. Para adquirir la acción en sí, habría que invertir muchos cientos de Euros en la Bolsa por una acción.

Por lo tanto, operar con *CFDs* tiene tanto ventajas, como desventajas. En cualquier caso, antes de participar en el mercado, infórmese lo suficiente sobre todas las opciones y riesgos disponibles.

IMPUESTOS

En 2013, Bitcoin se convirtió en la única Criptodivisa reconocida oficialmente por el gobierno federal. Las partes implicadas deben haber aceptado conjuntamente la *Moneda* y sólo pueden utilizarla como medio de pago. El dinero digital, o Criptomoneda*s*, no se considera de curso legal, sino de pago privado, ya que los usuarios de la *Moneda* la crean ellos mismos mediante la minería, y la cantidad máxima de dinero en *Monedas digitales* es limitada. El Gobierno Federal decidió que, los beneficios procedentes del mero intercambio de Bitcoins en *Monedas* legales en el plazo de un año están exentos de impuestos hasta un límite de exención de 600,- Euros (el llamado periodo de especulación). Así, si usted compró 100 Bitcoins por 1 Euro y los mantuvo durante menos de doce meses hasta que superaron un valor equivalente de 6 Euros y luego los vendió a su vez por un beneficio de 500 Euros, no tendría que pagar impuestos por este beneficio. Si la ganancia dentro de ese periodo es de apenas un céntimo más de 600 Euros, deberá pagar la totalidad del impuesto. (Tenga en cuenta que, este límite de exención se aplica, no sólo a las ganancias del comercio de Criptomoneda*s* sino también, a todas las ganancias de las operaciones especulativas,). Afortunadamente, si usted mantiene su posición durante más de doce meses, no tendrá que pagar impuestos sobre sus beneficios, aunque sean superiores a 600 Euros. Además, el Ministerio de Hacienda se pregunta hasta qué punto se aplicará el impuesto sobre las ventas a las Criptodivisas. En general, los usuarios particulares no tienen que pagar el impuesto sobre las ventas, cuando cambian *Monedas digitales* auténticas por *Monedas* reconocidas por el Estado. La situación es, por supuesto, diferente para los comerciantes profesionales o comerciales.

En una sentencia del Tribunal de Justicia de la Unión Europea (EuGH) del 22 de octubre de 2015, se decidió que las *Monedas virtuales* o Criptodivisas, como el *Bitcoin*, deben tener los mismos derechos a las *Monedas* legales. El tribunal lo justifica con el hecho de que, el intercambio de *Bitcoins* en *Monedas* legales se considera un servicio y, por tanto, no está sujeto al IVA.

Los mineros también se libran de los impuestos: el EuGH considera que, el trabajo de los mineros es esencial para la continuidad del sistema. Las tasas de transacción son pagadas voluntariamente por los usuarios en cantidades variables y no están relacionadas con los servicios de los propios mineros. Por lo tanto, estas operaciones no están sujetas a impuestos. El tribunal decide además que, las remuneraciones del propio sistema, por ejemplo, *Bitcoins* recién emitidos, no pueden considerarse como un salario por el trabajo efectuado. Los mineros no realizan su trabajo, en el marco de una relación denominada prestación de servicios. En este contexto, también debe haber un destinatario identificable del servicio prestado. Por tanto, el modelo de las Criptomonedas no permite ninguna aplicación fiscal.

En cambio, servicios como, las tarifas de los Monederos o el comercio de *Bitcoin* en plataformas online están sujetos al IVA según la sentencia del EuGH. Curiosamente, el intercambio de *Moneda* legal por dinero de juguete virtual, por ejemplo, en los juegos en línea, no está exento de impuestos porque, no es aceptado por los usuarios como medio de pago universal. En cualquier caso, compruebe con su autoridad fiscal local las cantidades que se deben pagar por las ganancias o similares.

Antecedentes técnicos

El funcionamiento de las Criptomonedas es difícil de entender, especialmente para quienes no tienen formación en informática, pero puede ser bastante útil familiarizarse con los conceptos esenciales. En este capítulo, tomaremos los conceptos discutidos y los aplicamos a un fondo técnico concreto.

La Cadena de Bloques o *Blockchain* es el sistema de contabilidad de las Criptomonedas. Su confianza se basa en la potencia de cálculo (véase el capítulo: *Prueba de trabajo*). Sin este tipo de contabilidad, una *Moneda* digital consistiría simplemente en una *red de pares* (*red P2P*) en la que las transacciones firmadas por criptografía se envían de un lado a otro.

Sin embargo, la *Cadena de Bloques* permite una contabilidad a prueba de manipulaciones, ya que a cada nuevo *Bloque* se le asigna un valor que lo vincula indispensablemente a su *Bloque* anterior (véase el capítulo: *Hashing*). Esto hace imposible cambiar o incluso borrar los datos históricos. Cada *Bloque* de la *Cadena* se consideraría inválido. Este enfoque tiene como consecuencia que, los usuarios pueden confiar entre sí sin conocerse de ninguna manera.

Para poder cumplir todas estas características, se combinaron tres tecnologías en el desarrollo de *Bitcoin*. Las tecnologías individuales existían antes que las Criptomonedas, pero fue la combinación de éstas la que permitió poner en práctica la idea.

Claves privadas y públicas

El primero de los tres componentes de la *Cadena de Bloques* son las claves privadas y públicas. Estas dos claves se utilizan en las Criptomonedas para garantizar que realmente usted es el usuario que dice ser. Para que, pueda probar su identidad, autentificarse. Además de la autenticación, las claves también ofrecen la ventaja de que un usuario no tenga que revelar más información sobre sí mismo de la necesaria. Para demostrar que el usuario está en posesión de un *Monedero* o de *Monedas,* no necesita dar su nombre ni ningún otro tipo de información personal. Todo lo que necesita es su clave privada. De esta manera, un hacker malintencionado se vería privado de un vector de ataque.

Red de pares

Ahora con las claves, los usuarios pueden autentificarse, pero ¿cómo van a demostrar, por ejemplo, que tienen suficiente capital para realizar una transacción? Para autorizar las transacciones de forma segura, se utilizó como base una red *P2P*, en la que todos los usuarios pueden autorizar una transacción a través de las reglas de la red (*protocolo Blockchain*). Además, como en una red *P2P* todos los participantes disponen de la misma información y trabajan con ella, este tipo de red está protegida contra el llamado *punto único de fallo* (una persona o empresa no puede hacer caer toda la red).

Protocolo Blockchain

El *protocolo de la Cadena de Bloques* establece las reglas, bajo las cuales se autentifica y autoriza una transacción. Todos los usuarios de la red deben adherirse a este protocolo, de lo contrario quedan excluidos de la participación. Para ejecutar una transacción entre dos usuarios, el primero, debe enviar información al segundo a través de su clave privada. Esta información se incluye en un *Bloque*, que a su vez se envía a todos los demás usuarios de la red para su autorización.

La combinación de estas tres tecnologías es lo que hace que *Blockchain* sea un concepto extraordinariamente útil. Incluso las grandes empresas de TI y los bancos ya están tratando de integrar el concepto de *Blockchain* en sus proyectos. Conozca más sobre los componentes individuales de la *Blockchain* en los próximos capítulos.

BLOQUE

En *Bitcoin* y en muchas otras Criptomonedas, un *Bloque* forma parte de la estructura de datos central de todo el sistema. Se utiliza para guardar transacciones dentro de una red que no han sido almacenadas previamente en otros *Bloques*. Estas se legitiman en el *proceso de extracción* (véase el capítulo: *Extracción*). Se puede pensar en un *Bloque,* como una sola página de un libro de caja en las tiendas, o de un libro de órdenes en la Bolsa. Los *Bloques* individuales se añaden siempre al final de la *Cadena de Bloques.* Así, ya no se pueden cambiar o incluso eliminar. Por ejemplo, en *Bitcoin,* el registro de un *Bloque* consta de varios campos:

1. Un valor fijo (siempre *0xD9B4BEF9*)
2. El tamaño del *Bloque* (número de Bytes hasta el final del *Bloque*).
3. *Cabecera del Bloque* (consta de tres pares de datos o seis registros de datos, véase más abajo)
4. Contador de transacciones
5. Transacciones (tantas, como indique el contador de transacciones)

La *cabecera del Bloque* se utiliza para identificar *Bloques* individuales dentro de la *Cadena de Bloques.* De este modo, los datos importantes para el tratamiento del *Bloque* pueden almacenarse de forma rápida y sencilla. La propia *cabecera del Bloque* también consta de tres pares de datos, que comprenden un total de 80 Bytes. Estos conjuntos de datos son esenciales para el funcionamiento de los *Bloques.*

La primera parte de la cabecera contiene el número de versión del software utilizado. El número de versión puede utilizarse para rastrear las actualizaciones o cambios en el protocolo de la red a lo largo de la *Cadena de Bloques.* Después del número de versión, también se encuentra en la *cabecera* el *valor Hash* de 32 Bytes del *Bloque* predecesor. Un cambio en este valor invalidaría toda la *Cadena de Bloques.* Esta es una de las características de las Criptomonedas que las hace tan seguras. Después del *Hash* predecesor viene la llamada *Raíz de Merkle,* que también tiene 32 Bytes de longitud. La *Raíz de Merkle* es un valor que se calcula a partir de todos los *Hashes* de las transacciones dentro del Bloque. En términos sencillos, esto significa que los *Hashes* existentes de las transacciones se vuelven a "Hashear".

La *Raíz Merkle* combina así, todos los *Hashes* de las transacciones en uno solo. Le sigue una marca de tiempo de 4 Bytes, que suele especificarse en segundos, junto con la fecha. La marca de tiempo es útil para indicar a todos los usuarios que trabajan en ese *Bloque*, cuándo se produjo un evento concreto dentro del mismo. Después, la *cabecera* contiene la dificultad de 4 Bytes de la Criptomoneda. Esta indica lo difícil que es para un usuario legitimar el *Bloque* (véase el capítulo: *Minería / Hashing*). Lo último que se encuentra en la cabecera es el *Nonce* de 4 Bytes. El *Nonce* es utilizado por los *mineros* para encontrar un *Hash* correcto para una transacción. Permite a los *mineros* iterar los *Hashes* cada vez más lejos sin manipular los conjuntos de datos subyacentes (véase el capítulo: *Nonce*).

En el *cuerpo del Bloque,* que sigue a la *cabecera del Bloque,* es donde se almacenan todas las transacciones. Pero incluso, si se piensa en el *Bloque* como una página de un libro de caja, no se almacena en forma de lista. En cambio, las transacciones se almacenan en lo que se denomina el *Árbol de Merkle.* El *Árbol de Merkle* es un método seguro para combinar mucha información bajo un único valor (véase el capítulo: *Árbol de Merkle*).

HASHING

Una de las formas más importantes de entender cómo funcionan las Criptomonedas es a través del proceso conocido como *Hashing*. El *Hashing* es un algoritmo que utiliza un registro digital de cualquier longitud para calcular un valor, o una cadena de números aleatorios, de una longitud determinada. En las Criptomonedas, como el *Bitcoin*, se utiliza el *Hashing* en la creación de nuevas unidades monetarias. Los *algoritmos Hash* más populares son *MD5*, *SHA-1* y *SHA-256*. La *red Bitcoin* utiliza *SHA-256*, que produce valores muy largos para evitar posibles colisiones, es decir, calcular el mismo resultado para diferentes registros. Por ejemplo, un posible *valor Hash* del *algoritmo SHA-256* podría tener el siguiente aspecto: *ef82543aa609005979caf3f8db3280329ebed19368d03f7dbb5fda463ee75c26*.

A efectos ilustrativos, en este ejemplo utilizamos un *valor Hash* más corto, como ocurre con el algoritmo *CRC32*. En el sitio web *fileformat.info/tool/hash.htm* se puede convertir un texto sin codificar en un *valor Hash*. Si introducimos el texto *Hola* en el campo correspondiente, el *algoritmo CRC32* calcula este resultado: *78b31ed5*. Si cambiamos la entrada de *hola* a *hola a todos,* obtenemos este resultado: *588dfd20*. Así que, independientemente de la longitud de entrada, el resultado siempre consta de ocho dígitos. Si la entrada se modifica ligeramente, el resultado también cambiará en su totalidad. Esto significa, qué, si el resultado es diferente, el usuario puede estar absolutamente seguro de que la entrada ha sido manipulada, pero no sabe, qué es exactamente lo que se ha cambiado en el registro de datos, por el resultado obtenido. Y esto es suficiente para un control de seguridad. A menudo se dice que, un *Hash* es sinónimo de huella digital, porque es casi imposible conseguir el mismo resultado con dos valores iniciales diferentes. Por lo tanto, los *valores Hash* son todos únicos. Al igual que las huellas dactilares, los *valores Hash* pueden asignarse de forma exclusiva al conjunto de datos subyacente. Sin embargo, el *valor Hash* no puede utilizarse para reproducir la entrada original. Por ejemplo, si ahora un usuario quiere comprobar si algún registro no ha cambiado desde que se calculó un *valor Hash* para él, se le aplica el mismo algoritmo y compara el resultado con el *valor Hash* existente. Si el resultado es el mismo, el usuario puede estar seguro de que el registro no ha sido modificado.

PRUEBA DE TRABAJO

La Prueba de trabajo dentro de una *red de Criptomonedas* es un mecanismo para alcanzar un consenso común bajo el cual todos los participantes de la red pueden acordar una versión idéntica del *Blockchain*. El diseño de *las pruebas de trabajo* facilita, la comprobación de la validez de los resultados de un cálculo sin tener que volver a realizar el esfuerzo computacional. Además, los datos subyacentes permanecen intactos en este proceso.

El concepto de *Prueba de Trabajo* ya fue publicado en 1997 por *Adam Black* bajo el título *Hashcash.* Él tuvo la idea de reducir el spam por correo electrónico proporcionando pruebas de trabajo. Según esto, los remitentes de un correo electrónico deben realizar una pequeña cantidad de trabajo informático antes de poder enviar realmente el correo electrónico. A continuación, el destinatario del correo electrónico comprueba si el remitente ha proporcionado suficiente potencia de cálculo y sólo entonces acepta el correo electrónico enviado. La *Prueba de trabajo* ni siquiera tiene que ser muy grande. Un usuario promedio apenas notará unos segundos de retraso en el envío de su correo electrónico. Pero un spammer que quiera enviar miles de correos electrónicos al día, tendrá que contar con un esfuerzo adicional muy elevado en este concepto. No sólo, un mayor consumo de energía y un mejor Hardware suponen mayores costes para el spammer, sino que también, el aspecto temporal tiene un impacto especial. En lugar de enviar miles de correos electrónicos en unas pocas horas, el spammer tiene ahora que esperar varios días, incluso semanas, para que los correos lleguen a su destino. Pero el uso de redes de Bot o Zombi, dejó obsoleto el proceso de *Prueba de trabajo.* Los remitentes de spam pudieron sortear todas las desventajas de la *Prueba de trabajo* utilizando redes de Bot, es decir, manipulando un gran número de ordenadores ilegalmente. Y así, otros mecanismos de filtrado de spam han mejorado mucho desde que se propuso esta idea. Como resultado, este concepto nunca llegó a afianzarse en el espacio del correo electrónico, pero con la aparición de la primera Criptomoneda, La *Prueba de trabajo* experimentó otro apogeo.

Como ya se nombró en el capítulo *"Hashing"*, el conjunto de datos original no puede ser calculado a partir de un *valor Hash.* Así, si un usuario busca un *Hash* específico que empiece por cuatro ceros, por ejemplo (0000*fe8d*), no tiene más remedio que ensayar en la búsqueda. Con valores de salida cortos, un procesador medio necesita alrededor de un millón de intentos para encontrar un *Hash* que empiece exactamente con cuatro ceros. Esto tarda entre uno y tres segundos, dependiendo de la potencia de procesamiento del procesador. En términos de nuestro ejemplo de filtro de spam, esto significa prácticamente que, se envía un número aleatorio en el *encabezado* del correo electrónico.

Este número aleatorio debe ser cambiado por el emisor hasta que el *resultado del Hash* comience con cuatro ceros. Sólo entonces se envía el correo electrónico al destinatario. Tras recibir el correo electrónico, el destinatario comprueba si el *resultado del Hash* que empieza por cuatro ceros puede calcularse a partir del número aleatorio encontrado. Esto no supone ningún esfuerzo computacional, ya que sólo se prueba un número. Si el resultado comienza con cuatro ceros, es una prueba de que el remitente se esforzó por enviar el correo electrónico. Si se quiere aumentar el esfuerzo de cálculo, basta con especificar que el resultado debe empezar por cinco ceros. En consecuencia, hay que realizar un mayor esfuerzo computacional. Esta es la llamada *dificultad* a la hora de calcular nuevas *Monedas* en las Criptodivisas (ver capítulo: *Minería*). Sin embargo, el *procedimiento de Prueba de trabajo* de las Criptomonedas no sólo se utiliza para legitimar los datos. La idea básica de este procedimiento es pagar y a su vez, ser pagado por el esfuerzo informático.

MINERÍA

Muchas Criptomonedas (incluida *Bitcoin*) utilizan el concepto de *Prueba de trabajo*, para recompensar a los participantes del sistema, con unidades de La *Moneda*, por facilitar la capacidad de procesamiento. Este proceso equivale a la impresión de dinero nuevo en *Monedas* legales. Sin embargo, con las Criptomonedas, los usuarios son los responsables de las nuevas emisiones. En todo el mundo, los ansiosos mineros de Criptomonedas se sientan frente a sus ordenadores y extraen oro para ganar dinero. Sin embargo, como las *Monedas* son producidas por los propios participantes, era necesario garantizar que la cantidad total de *Monedas* no aumentara sin control. De no ser así, se produciría una inflación y, por tanto, el valor de la *Moneda* disminuiría. En el caso de las *Monedas* de curso legal, el Estado decide la cantidad de dinero que entra en circulación.

En cuanto a las Criptomonedas, las medidas de seguridad correspondientes suelen estar planificadas e implementadas en el sistema desde el principio. Los desarrolladores del *Bitcoin*, por ejemplo, han establecido una norma interna al respecto, según la cual, puede existir hasta un máximo de 21 millones de *Bitcoins*. A principios de 2020, ya se había alcanzado más del ochenta por ciento de esta cantidad. Para garantizar que no se supere esta cantidad, la recompensa por las transacciones se *reduce a la mitad* después de que se hayan procesado 210.000 *Bloques*. Dado que se necesita el doble de cálculos para obtener la misma recompensa, esto pone un límite a la producción de nuevas *Monedas*. Se supone que para el año 2130 se habrán extraído todos los *Bitcoins* disponibles.

Es esencial para las Criptomonedas, el hecho de que la potencia de cálculo garantice el funcionamiento de toda la red. Además, la extracción de nuevas *Monedas* crea un incentivo financiero para los usuarios del sistema. Sin embargo, a diferencia de la minería de oro tradicional, las Criptomonedas recompensan los servicios prestados. Cuanta más capacidad de cálculo se ponga a disposición, mayor será la recompensa asignada.

Todas las transacciones de una red, como *Bitcoin*, se recogen durante un periodo de tiempo y luego se agregan en los *Bloques* individuales de la *Cadena de Bloques*. El trabajo de los *mineros* es verificar estas transacciones y añadirlas a la *Cadena de Bloques*. Por ello, se les abona la tasa de transacción. Los *mineros* verifican los *Bloques* calculando los llamados *valores Hash* (véase el capítulo: *Valor Hash*). Por cierto, el cálculo de *valores Hash* a partir de datos digitales es muy sencillo. Sin el correspondiente grado de dificultad en el cálculo, el *Bitcoin* de la mina de oro tardaría menos de un día en agotarse. Por lo tanto, los *mineros* no se limitan a calcular nuevos *valores Hash* a partir de las transacciones recogidas, sino que, los valores también deben cumplir ciertos requisitos. Por ejemplo, se requiere un *valor Hash* en el que los primeros dígitos sean cero. Para esto, los *mineros* deben utilizar su potencia de cálculo con el fin de encontrar este *Hash particular* y así verificar la transacción o el *Bloque*. Cuantos más requisitos tenga que cumplir el *Hash*, más difícil será encontrarlo, por lo que habrá que invertir más potencia de cálculo. Es la llamada *Prueba de trabajo* de las Criptomonedas. Y como los *valores Hash* se calculan a partir de una función denominada unidireccional (*los valores Hash* no pueden calcularse de vuelta), los *mineros* no pueden utilizar atajos para eludir la *Prueba de trabajo*.

Pero para poder calcular nuevos *valores Hash*, el *minero* debe cambiar los datos proporcionados, de lo contrario se generaría siempre el mismo *valor Hash*. Para que esto tenga éxito, se utiliza entonces otro valor. El llamado *Nonce*. Este *Nonce* se utiliza junto con la transacción para generar un nuevo *valor Hash*. Si el nuevo *valor hash* no cumple con los requisitos deseados, se utiliza un nuevo *Nonce* para generar otro *valor hash*. Este proceso se repite hasta encontrar el *valor Hash* correcto. Y puede llevar mucho tiempo dependiendo del nivel de dificultad, por lo que, los *mineros* suelen trabajar juntos en un *Bloque* o transacción hasta encontrar el *Nonce* correcto. Como recompensa, la tasa de transacción se divide entre los *mineros*, en función del trabajo realizado o de la *Prueba de trabajo* realizada. En la *red Bitcoin*, se tarda una media de diez minutos en encontrar el *Nonce* correcto y, por tanto, el *valor Hash* correcto (véase el capítulo: *Nonce*).

Para extraer *Bitcoins* por usted mismo, necesita un ordenador potente. En sus inicios con *Bitcoin*, incluso un PC estándar podría participar en la *minería*. Pero a medida que, se pone a disposición de la red más potencia de cálculo (a medida que más *mineros* se unan a la red), también se hace más difícil calcular nuevos *valores Hash*, y, por tanto, el *minero* necesita sistemas informáticos cada vez más potentes para que el esfuerzo merezca la pena. Sin embargo, estos sistemas informáticos consumen enormes cantidades de energía y también generan un calor extremo. Por lo tanto, la extracción de *Monedas* siempre va a estar vinculada a un cálculo de coste/rendimiento. Es decir, (a principios de 2020), la *red Bitcoin* ha crecido tanto que, los chips de los ordenadores tradicionales ya no pueden seguir el ritmo de la cantidad de trabajo necesaria para obtener beneficios de la *minería de Bitcoins*. Dado que la resolución de las tareas de cálculo tiene un gran incentivo económico, se han desarrollado sistemas informáticos cada vez más potentes para realizar esta tarea con la mayor eficacia posible. Al principio sólo se utilizaban procesadores, luego se añadieron chips gráficos más potentes y más tarde se desarrollaron sistemas diseñados específicamente para este fin. Empresas enteras se centran sólo en la *minería de Bitcoins*.

Uno de los *sistemas de minería* más populares del momento es el llamado *Antminer* de *Bitmain (bitmain.com)*. Los chips de los sistemas *Antminer*, que se fabrican especialmente para el trabajo de *minería*, alcanzan una velocidad de 110 terahashes por segundo (TH/s). Así, se calculan 110.000.000.000 de *valores Hash* por segundo, todo ello consumiendo relativamente poca energía. Si usted decide minar Criptomonedas por usted mismo con un dispositivo de este tipo, preste atención principalmente al precio, la *tasa de Hash* (TH/s) y al consumo de energía. Cuanto menor sea el consumo de energía por *Hash*, más caros serán los productos.

Pero incluso, si usted no tiene el Hardware y los recursos para *minar Monedas* por usted mismo, habría otras formas de participar en la fiebre del oro. En los próximos capítulos nos adentraremos en estas posibilidades.

MINERÍA EN LA NUBE

La *minería en la nube*, también llamada *Cloud Hashing*, permite a los usuarios alquilar capacidad de computación para la *minería* a través de una empresa. Estas empresas suelen tener almacenes enteros llenos del último Hardware diseñado para la *minería*. Las desventajas de la *minería* desde casa pueden eliminarse eficazmente, mediante la *minería en la nube*. Para ganar *Monedas* a través de la *minería en la nube*, no necesita ningún Hardware, software, electricidad o Internet rápido para hacerlo. Además, tampoco hay problemas de instalación o mantenimiento. Y usted no tiene que vender su *sistema de minería* cuando este deje de ser rentable. Aunque haya algunas desventajas de los *servicios de minería en la nube* que, no deben dejar de mencionarse aquí. Probablemente la mayor desventaja sería definitivamente, confiar en un tercero. Si una *empresa de minería en la nube* tiene intenciones fraudulentas, normalmente usted no podrá detectarlas antes de que sea demasiado tarde. Además, usted tampoco tiene conocimiento de cómo funciona el proveedor. Por ejemplo, pueden darle un beneficio menor cuando debería haber sido mayor, sin que usted lo sepa. Otra desventaja de la *minería en la nube* son los mayores costes que tendrá que afrontar para operarla, ya que la empresa comparte sus costes a través de los suscriptores y esto reduce su beneficio. Tampoco tiene control sobre el *software de minería* utilizado, por lo que no puede personalizarlo si es necesario. Otra desventaja es que, algunos *proveedores de minería en la nube* tienen una cláusula en su contrato que permite al proveedor, rechazar un pago si el precio de la Criptomoneda es demasiado bajo o no cumple con las expectativas del proveedor. El último inconveniente que me gustaría añadir aquí es la falta de diversión. Si a usted le gustaría diseñar y construir una *configuración de minería* por usted mismo, *la minería en la nube* no es una opción para usted.

Si decide utilizar un *servicio de minería en la nube*, es muy recomendable que, lea detenidamente el contrato y busque cualquier cláusula desfavorable. Además, familiarícese con el servicio prestado y todos sus aspectos para contrarrestar cualquier problema que pueda surgir más adelante. Uno de los mayores y más populares proveedores de *minería en la nube* es *Genisis Mining*. Esta empresa ofrece tres planes de pago de bajo coste para minar *Bitcoins*. Pero no sólo se puede minar *Bitcoin* a través de *Genesis Mining*, también hay disponibles planes de pago o mini contratos para *Monedas* alternativas, como *Litecoin* y *Dogecoin*. Una vez realizado el primer pago, el Hardware ya está ampliamente disponible para usted y puede empezar a minar. *Genesis Mining* opera sus granjas de servidores en Islandia, entre otros lugares. La producción de energía verde, a través de la energía geotérmica e hidroeléctrica, es comparativamente barata en Islandia y, por lo tanto, ofrece una de las mejores ubicaciones para este tipo de empresas.

POOL MINERO

En las redes de Criptomonedas, es posible unir fuerzas con otros usuarios para minar *Monedas* con la potencia de cálculo combinada. Esta asociación se denomina *Pool Minero*. Sin embargo, a diferencia de la *minería en la nube*, los usuarios del *Pool Minero* aportan su propio Hardware en lugar de alquilarlo. Los *Pools Mineros* suelen tener mucha más capacidad de computación que *los Mineros* individuales y, por tanto, pueden minar nuevas *Monedas* mucho más rápido.

Las recompensas recaudadas se reparten a partes iguales entre los usuarios. Pero ¿merece la pena unirse a estos *Pools* o es mejor buscar nuevas *Monedas* por su cuenta? Para responder a esta pregunta, usted debe tener en cuenta que, aumentaría significativamente sus posibilidades de recibir una recompensa si se une a un *Pool Minero*. Sin embargo, esta recompensa sería considerablemente menor, ya que la tendría que compartir con todos los demás usuarios del *Pool*.

La ventaja es que, con este enfoque, usted puede generar unos ingresos constantes. En otras palabras, puede confiar en gran medida en que, el *Pool Minero* coseche constantemente recompensas a través de su trabajo, mientras que un minero en solitario tiene que esperar que le toque el premio gordo. Por eso, a la hora de decidirse por un *Pool Minero*, también entra en juego el tamaño de este. Cuanto más grande sea el *Pool*, mayor será su poder de cómputo global y más probabilidades tendrá de tener ingresos constantes. Desgraciadamente, algunos grandes *Pools* exigen una cantidad mínima de potencia informática para unirse a ellos. En el sitio web *litecoinpool.org/pools* puede hacerse una idea de la potencia de cálculo de los grandes *Pools Mineros* en función de su *tasa de Hash* (véase el capítulo: *Minería*). Hoy en día, en la *red de Bitcoin,* ya no es posible minar de forma rentable como individuo debido al alto grado de dificultad. En este caso, los *Pools Mineros* son la única opción rentable además de la *minería en* la *nube,* e incluso para aquello, el usuario tiene que proporcionar un Hardware relativamente potente. Una forma de evitarlo es dirigir su atención a las

Altcoins. Las *Monedas* alternativas, como *Startcoin,* tienen un grado de dificultad menor y, por lo tanto, también pueden ser minadas más fácilmente.

Algunos *Pools Mineros,* como *Multipool,* ofrecen incluso, la opción de alternar entre Criptodivisas, dependiendo de qué, tan alto sea el nivel de dificultad. La capacidad de procesamiento del ordenador busca entonces, la red más rentable –lo que puede llegar a molestar a los fanáticos de dichas divisas, ya que el grado de dificultad puede aumentar rápidamente con relación a la capacidad de procesamiento del ordenador, desconectándolo de la red y siendo poco fructífero para los aficionados.

En algunos *Pools Mineros,* las recompensas se pagan en forma de *acciones.* Las acciones se distribuyen a los usuarios del *Pool* por su trabajo en un *Bloque.* Los propietarios de *acciones* pueden demostrar que han contribuido a la solución de un *Bloque.* Aquellos que tienen una gran cantidad de potencia de cálculo pueden, por supuesto, participar en muchas más soluciones, que en consecuencia son recompensadas con más acciones y, por tanto, en última instancia, con más dinero. Esta forma de pagar las recompensas se llama *modelo de pago por acción.* A veces, *los Pools Mineros* limitan el número máximo de *acciones* que se pueden emitir a los usuarios individuales o establecen un umbral que, los nuevos participantes deben superar antes de que se les paguen las recompensas (*umbral de pago*).

Antes de decidirse por un *Pool Minero,* es aconsejable no sólo informarse detalladamente sobre el sistema de pagos, sino también preguntar sobre las posibles reducciones en sus acciones. Muchos *Pools Mineros* sustraen de sus posibles ganancias, para costear, por ejemplo, el funcionamiento de dicho *Pool.* Estas reducciones suelen oscilar entre el uno y el diez por ciento. En definitiva, los *Pools Mineros* no son inmunes a las mentes criminales. Los operadores de *grupos de minería* podrían malversar las ganancias sin mayor problema, o incluso negarse a pagarlas por completo. Lo mejor es informarse de las experiencias de otros usuarios antes de hacer una elección. En resumen, hágase estas preguntas que le ayudarán a decidir por un *Pool Minero* en concreto:

1. ¿Qué Criptomoneda es la más rentable / tiene un grado de dificultad bajo?
2. ¿Cuántos participantes tiene el *Pool Minero* / Qué tamaño tiene?
3. ¿Qué Hardware necesito?
4. ¿Cómo funciona el sistema de pago?
5. ¿Qué gastos voy a tener?
6. ¿Es fiable el operador del *Pool*?

Ahora que ha elegido un *Pool Minero*, todo lo que tiene que hacer es registrarse en el sitio web del *Pool*. Por lo general, el proceso de registro no difiere de otros en Internet. Después de crear su cuenta de usuario, debe asignar el Hardware responsable de la minería. Una vez hecho esto, ya está listo para empezar.

NONCE

El *Nonce* es uno de los registros más importantes a la hora de calcular *valores Hash* recientes y válidos. Como usted ya sabe, para verificar una transacción, los *mineros* tienen que generar nuevos *valores Hash* hasta que cumpla un determinado requisito (por ejemplo, un determinado número de ceros al principio del registro). El *Nonce*, un campo de 32 bits se configura para que los *valores Hash* calculados tengan un número aleatorio de ceros al principio. La tarea del *minero* es encontrar un *Nonce* válido y, por tanto, un *valor Hash* válido del *Bloque*. Una vez que un *minero* encuentra un *Nonce* válido, se le concede el derecho de añadir el *Bloque*, ahora válido, a la *Cadena de Bloques*. Por este esfuerzo computacional, el *minero* es compensado, por supuesto, a través de la tasa de transacción. Una vez procesado un bloque, el proceso vuelve a empezar. El procedimiento de *Prueba de trabajo* se utiliza en las Criptomonedas a través del *Nonce*. Normalmente se trata de un número aleatorio que los *mineros* pueden utilizar para calcular nuevos *valores Hash* con el mismo conjunto de datos como base, en este caso, una transacción o un *Bloque*, hasta encontrar el valor correcto. Los *mineros* tienen que utilizar el método heurístico de *prueba y error* (engl: trial and error) y no pueden eludirlo, por ejemplo, adivinando o estimando el valor del resultado de un *Hash*.

El protocolo de red de las Criptomonedas suele prescribir o, en su caso, restringir el número medio de intentos por *valor Hash*. El *protocolo de Bitcoin*, por ejemplo, tiene la norma de que, sólo se debe añadir un nuevo *Bloque* válido a la *Cadena de Bloques* en un promedio de cada diez minutos, para evitar la inflación y establecer un límite al número de *Bitcoins* en circulación. Este nivel de dificultad variable se implementa a través de los requisitos de un *valor Hash* válido. Por ejemplo, para aumentar el grado de dificultad, se puede aumentar el número de ceros requerido al principio del *valor Hash* calculado. Por lo tanto, se necesitaría un periodo de tiempo más largo para cumplir estos nuevos requisitos y encontrar un valor válido. Si ahora se pone a disposición de la red más capacidad de procesamiento del ordenador, el nivel de dificultad vuelve a aumentar. Este proceso se repite hasta que se han extraído todos los *Bitcoins* posibles. Pero incluso, si se pierde una valiosa potencia de cálculo en la red, por ejemplo, por el abandono de un *Pool Minero,* el protocolo de la red salvaguarda el tiempo medio de procesamiento de diez minutos, bajando lentamente el nivel de dificultad para que se necesite menos potencia para minar los *Bloques.*

ÁRBOL DE MERKLE

El *Árbol de Merkle* lleva el nombre de su inventor, el matemático *Ralph Merkle*. Publicó sus reflexiones en un artículo científico en 1987. La idea era que, muchos datos diferentes sólo pueden resumirse en un único *Hash*. Para ello, el usuario aplica un Hash a los datos de entrada o a las transacciones y, a continuación, vuelve a aplicar un Hash a los *Hashes* calculados hasta que sólo quede un único *Hash*, la *raíz de Merkle*. Esto es especialmente útil para almacenar datos de forma eficiente y segura. Los *Hashes* más bajos de la cadena, se denominan simbólicamente hojas del *Árbol de Merkle*. Los *Hashes* de los niveles superiores se denominan ramas del árbol. El último *Hash* de la cadena se denomina raíz del árbol (Merkle *Root*). Qué se almacena en la cabecera de un *Bloque*. De esta manera, el valor refleja en una cadena relativamente corta, todas las transacciones y los *Hashes* contenidos en esta. Si el usuario tiene conocimiento de las transacciones y *Hashes*, puede calcular una *raíz de Merkle* sin mucha dificultad ni tiempo de espera. Sin embargo, como ya usted sabe, por el capítulo de *Hashing*, este concepto apunta hacia una sola dirección. Si el usuario no conoce las transacciones y los *Hashes*, es imposible calcular una transacción a partir de la *raíz de Merkle*. Por lo tanto, no basta con almacenar sólo la *raíz de Merkle* en el *Bloque*. Las transacciones que lo respaldan también deben almacenarse en el *Bloque*. La principal ventaja de esto es que, un usuario puede comprobar la corrección de un *Bloque* sin más problemas. Para ello, se vuelve a hacer un Hash de toda la información utilizando el mismo algoritmo. Si la *raíz de Merkle* coincide con el valor dado, el usuario sabe ahora que, está en el mismo nivel que otros usuarios de este *Bloque*. Otra ventaja del *árbol de Merkle* es que, un usuario puede determinar si una transacción o un *Hash* en concreto está contenido en el *Árbol de Merkle* sin tener que descargar toda la *Cadena de Bloques*. Este concepto es especialmente útil para los *Monederos* móviles, ya que tienen una capacidad de almacenamiento y capacidad de procesamiento computacional limitada.

Crítica

P uede que las Criptomonedas sean una tecnología nueva y emocionante, pero también tienen su lado oscuro. ¿Cuáles son los inconvenientes de su uso? ¿Son las Criptomonedas tan seguras como parecen? ¿Qué tipos de ataques se han producido ya en las redes? ¿Y el cálculo de las nuevas *Monedas* podría tener un grave impacto en nuestro medio ambiente? En este capítulo, trataremos de encontrar juntos una respuesta a estas preguntas.

ICO fraudulento

Tras un boom independiente de *las Ofertas Iniciales de Monedas* en el 2017, en el que, las empresas emergentes recaudaron alrededor de 5.600 millones de Dólares Estadounidenses, se alzaron voces para regular severamente este mercado. Y con más razón, dado que, la consultora neoyorquina *Satis Group*, especializada en *ICOs*, elaboró un estudio al respecto en el 2018. En este estudio, los autores descubrieron que, más del 80% de las *Ofertas Iniciales de Monedas* tenían un origen fraudulento. Los investigadores analizaron la calidad de las *ofertas iniciales de Monedas* con una capitalización de mercado de más de 50 millones de Dólares. Se utilizaron datos como, los exhibidos documentos blancos o los listados de *Tokens*. A lo cual, los autores clasificaron a los *ICOs* en seis grupos diferentes: *Fraudulento, fracasado, muerto, en retroceso, prometedor, exitoso.* La distribución de los *ICOs* entre estos grupos es la siguiente: *Fraudulento* 81%, *fracasado* 6%, *muerto* 5%, *en retroceso* 4,4%, *prometedor* 1,8%, *exitoso* 1,9%. Resulta especialmente llamativo que sólo el 6 % de los *ICOs* fracasen, aunque se dice que más del 80 % tienen un origen fraudulento.

Los autores definieron la categoría de *fraudulento,* como las empresas que declaran que persiguen un objetivo empresarial específico y quieren reunir capital para ello, pero no tienen la intención de poner en práctica ese objetivo con el capital obtenido. Además, también se incluyeron en esta categoría empresas o *ICOs* que ya habían sido reveladas como fraudulentas por la comunidad. Los autores definen la categoría de empresas *fracasadas,* a aquellas que pudieron reunir capital, pero no el suficiente para financiar completamente el proyecto (véase el capítulo: *Soft Cap*).

La categoría de empresas *muertas* incluye a las que han conseguido reunir suficiente capital, pero nunca han cotizado en la Bolsa ni han publicado el código de fuente de su proyecto, lo que haría que, los inversores tengan interés en un trabajo en común.

Las empresas se clasifican como en *retroceso*, si han sido capaces de reunir suficiente capital y también cotizan en la Bolsa, pero no han publicado ningún código nuevo, un plan de negocio y/o una versión de prueba o beta de su plataforma en los últimos 3 meses.

Las empresas *prometedoras*, en cambio, cumplen dos de los tres criterios mencionados.

Las empresas que cumplen todos los criterios anteriores se sitúan en la categoría de *éxito*.

El autor del estudio concluye que, sólo una mínima cantidad de empresas cumple realmente su promesa a los inversores, aunque objetivamente hablando no debería ser muy difícil cumplir los criterios de una empresa prometedora o de éxito. Por lo tanto, merece la pena debatir la normativa legal de las *ICO*, como muestra el ejemplo de la empresa emergente *Savedroid*. El periódico alemán *Süddeutsche Zeitung* informa de que su fundador, *Yassin Hankir*, cerró el sitio web de la empresa a principios del 2018 y luego desapareció sin dejar rastro, después de que la empresa con sede en Fráncfort hubiera logrado recaudar unos 40 millones de Euros de capital mediante la venta de Tokens la semana anterior. Con la frase: *¡Gracias, chicos! Cambio y fuera...* publicó sólo dos fotos más en Twitter antes de despedirse definitivamente. Una de ellas le mostraba sonriendo en el aeropuerto de Fráncfort, la otra, con una botella de cerveza egipcia frente a un panorama playero. Sin embargo, después de que los fiscales se involucraran, el director general reapareció y dijo a las autoridades que todo era una broma. Simplemente quería mostrar a la comunidad de Criptomonedas lo fácil que es desaparecer con el capital recaudado. Sin duda una movida audaz, pero quizás, se allane el camino hacia un futuro regulado para las *ICO*.

51 % de ataque

Una de las vulnerabilidades más conocidas del sistema de Criptomonedas es el ataque del 51%. En este tipo de ataque, los usuarios maliciosos atacan el concepto de *Prueba de trabajo* de las Criptomonedas. De este modo, los atacantes controlan el 51% de la potencia de cálculo de la red y, por tanto, pueden realizar manipulaciones generales en la *Blockchain*. En concreto, esto significa que los atacantes pueden, por ejemplo, volver a gastar una cantidad transferida (*doble gasto*). Los usuarios malintencionados compran un producto o servicio, y transfieren el importe de la compra al vendedor. Sin embargo, como los atacantes controlan el 51% de toda la potencia de cálculo de la red, pueden insertar otra transacción en la *Cadena de Bloques* que invalida la primera transacción. De esta manera, los atacantes poseen el producto o servicio sin haberlo pagado.

Otro posible escenario del ataque del 51% sería la censura de la *Blockchain*. Si los atacantes pueden mantener el 51% de la potencia de cálculo durante un periodo de tiempo más largo, podrán decidir cuáles transacciones introducir en la *Blockchain* y cuáles no. También podrían, en teoría, excluir a determinados nodos o usuarios de la participación en la red.

Sin embargo, aunque la idea de un ataque del 51% hace que el nuevo usuario se sienta inseguro, este tipo de ataque es difícil de implementar en la práctica, porque requiere una enorme potencia de cálculo. Aunque se han producido ataques al 51% de las *Monedas* alternativas más pequeñas, en el caso de *Bitcoin*, este ataque se ha vuelto prácticamente imposible, gracias a una base de usuarios cada vez mayor. Y, por supuesto, debido a la transparencia del sistema, la red o los usuarios puede notar claramente un *doble gasto*. Incluso se podrían emprender acciones legales, porque, aunque las Criptomonedas se consideren anónimas, la mayoría de los comerciantes exigen que se faciliten datos personales. Por lo tanto, los atacantes pueden ser identificados. Tampoco es posible que los atacantes cambien las reglas del sistema. No pueden, por ejemplo, crear nuevas *Monedas* de la nada o atribuirse una recompensa o tarifa exorbitante por resolver el siguiente *Bloque*. Los atacantes pueden realizar un *gasto doble*, una sola vez, el cual se notaría inmediatamente. Además, el ataque se asocia con altos costes, ya que los *ordenadores de minería* requieren una enorme cantidad de energía. Si los usuarios de la red se defienden del ataque aumentando su potencia de cálculo, los atacantes habrán invertido tiempo y dinero para nada. Habría sido mucho más económico para los atacantes utilizar su poder de cómputo para la *minería* honesta y así cobrar la cuota de transacción o la recompensa de *Bloque*.

Así que, hay muchas razones para no implementar un ataque de este tipo, aunque ya existan varios ejemplos en Criptomonedas más pequeñas. Cuanto menor es el número de usuarios y, por tanto, la potencia de cálculo de una red, más vulnerable será esta. En el 2018, se produjo un ataque del 51% a la *red ZENcash*. En el proceso, los atacantes gastaron los fondos disponibles varias veces en dos oleadas (*doble gasto*) y pudieron así estafar a la red más de 550.000 Dólares. Las cantidades robadas se cambiaron rápidamente por *Monedas* legales en un intercambio de Criptomonedas. El coste del ataque se estima en unos 30.000 Dólares Estadounidenses. En sitios como *Crypto51.app*, por ejemplo, es posible incluso alquilar potencia de cálculo contra una red específica. La única forma de protegerse lo mejor posible de un ataque del 51%, es utilizando un *Monedero de nodo completo*, es decir, un *Monedero de escritorio* que descargue y compruebe toda la *Cadena de Bloques*. Otros *Monederos*, como la *aplicación del Monedero de Bitcoin* en su smartphone, sólo utilizan partes individuales de la *Cadena de Bloques* para minimizar el consumo de datos, y por lo tanto son más vulnerables a este ataque. En resumen, los ataques del 51% a las redes más grandes son muy poco probables, por lo que se sigue recomendando utilizar una *aplicación de Monedero* o un *Monedero online* para cantidades menores.

Robo millonario

El robo digital de *Monedas* no es la única preocupación de los usuarios de Criptodivisas. Normalmente, el Hardware utilizado para minar *Monedas* es extremadamente caro y a veces es víctima de robos físicos. Es así, que las *explotaciones mineras* pueden convertirse en objetivos del crimen organizado. A finales de 2017 y principios de 2018, se robó *Hardware de minería* de varias granjas de servidores en Islandia, por valor de dos millones de Dólares Estadounidenses. La policía afirma, que es el mayor atraco de la historia de Islandia. Unos 550 ordenadores encargados de minar *Bitcoins* fueron robados en pleno proceso de los almacenes. Si los ladrones utilizaran el Hardware para minar *Bitcoins* y otras Criptodivisas ellos mismos, tendrían una fuente inagotable de dinero que no podría ser rastreada. Ni siquiera tendrían que vender el Hardware robado en el mercado negro para beneficiarse del robo. Una de las granjas de servidores atacadas pertenecía al mayor proveedor de TI de Islandia, *Advania,* que reporta millones de Dólares en beneficios anuales a través de la *minería* de Criptomonedas. Unas dos semanas después de este quinto y, hasta el momento, último atraco, el líder del grupo de ladrones, *Sindri Thor Stefansson,* y sus socios fueron detenidos e interrogados. *Stefansson* consiguió escapar de la cárcel a Ámsterdam, pero fue capturado allí y finalmente juzgado en Islandia. Sin embargo, hasta la fecha no se ha encontrado el Hardware robado. *Stefansson* comentó: "Quizá sepa dónde esté. [...] Quizá no". Aunque Islandia sea considerada como la nación más pacífica de la Tierra según el *Índice de Paz Global,* no se ha librado de la delincuencia, ya que aparentemente, es más fácil robar las prensas de dinero que el propio dinero cuando se trata de Criptodivisas.

Consumo de recursos

Una de las mayores críticas a las Criptomonedas, es el consumo de energía cada vez más elevado, requerido para la *minería.* Ya que, al gastar más potencia de cálculo para minar *Bitcoin,* el consumo de energía también sigue en aumento. En un estudio de noviembre de 2018 de la *Universidad Técnica de Múnich,* dirigido por *Christian Stoll,* los autores se basaron en las presentaciones de tres grandes fabricantes de *Hardware de minería* (*Bitmain, Ebang* y *Canaan*) cuando salieron a la Bolsa. Además, los autores pudieron calcular que, los ordenadores encargados de *minar Bitcoin* emiten anualmente tanto CO_2 como los países de Jordania o Sri Lanka. En el 2018, también se descubrió que el consumo de electricidad de los ordenadores de minería de la *red Bitcoin* superaba el consumo total de electricidad de Dinamarca. En el estudio, los autores calcularon que el consumo anual de electricidad se acercaba a los 46 Tera vatios por hora. En el 2018, Una sola transacción costaba unos 200 kilovatios por hora. Según los autores, esto supone unas emisiones anuales de dióxido de carbono de 22 millones de toneladas. Según el *Índice de Consumo de Electricidad de Cambridge Bitcoin* (*cbeci.org*), el consumo de energía estimado ahora (a principios de 2020) asciende a casi 80 Tera vatios por hora al año, lo que supone una duplicación en menos de dos años y la tendencia sigue en aumento.

Utilizando las direcciones IP de los usuarios que añaden nuevos *Bloques* a la *Blockchain,* los investigadores de la *Universidad Técnica de Múnich* también pudieron determinar que el 68% de la potencia informática procede de Asia, en particular de China. En la región del sur de China, que se abastece principalmente de electricidad procedente de la energía hidroeléctrica, se encuentra aproximadamente la mitad de los *ordenadores mineros*. El resto se encuentra en la región del norte, que sigue funcionando mayormente con centrales eléctricas de carbón. Según los investigadores, *los mineros de Bitcoins* chinos emiten aproximadamente, unos 550 gramos de dióxido de carbono por kilovatio, por hora consumida. Otro 17% de la potencia informática se encuentra en Europa, mientras que el 15% proviene de Norteamérica.

Stoll concluyó diciendo que, aunque haya factores de cambio climático más significativos, la regulación de los *ordenadores mineros* debe ser discutida en lugares con intensa contaminación de CO_2. Muchos *mineros de Bitcoin* son conscientes de estas circunstancias y confían en las energías renovables, como la eólica y la hidráulica.

Publicidad fraudulenta

Especialmente en Internet y en las redes sociales, se publican una y otra vez anuncios dudosos sobre inversiones en Criptomonedas. Se anuncian altas rentabilidades y se prometen enormes beneficios. Muchos de estos anuncios no son transparentes y tampoco dicen nada sobre el modelo de negocio. En la mayoría de los casos, los proveedores se encuentran en el extranjero y pueden no estar sujetos a las leyes locales. Por ello, hay que estar atento a las señales de alarma, como la falta de información sobre el modelo de negocio o el origen de la organización.

No hay devolución de cargos

Uno de los riesgos del comercio de Criptomonedas es que, el diseño del sistema hace imposible revertir una cantidad transferida. Por lo tanto, si usted ha sido víctima de un vendedor fraudulento, lastimosamente, su dinero está perdido.

Pérdida de la clave privada

Si se pierde la clave privada, las *Monedas del Monedero* vinculados a ella también se pierden para siempre y no pueden volver a desbloquearse para el usuario. El *Monedero* y el importe que contiene, sólo pueden asignarse mediante la clave privada, que sólo el usuario individual conoce.

Apoyo a actividades delictivas

Las Criptomonedas son una forma popular de lavar dinero para los delincuentes. En 2019, *Chainalysis,* una empresa especializada en el análisis de *Blockchain*, rastreó casi 3.000 millones de Dólares de *Bitcoins* negociados ilegalmente en los intercambios de Criptomonedas. Según este estudio, estos *Bitcoins* capturados ilegalmente, se repartieron en más de 300.000 cuentas individuales en las plataformas *Binance* y *Huobi* en 2019. Normalmente, las Bolsas de Criptomonedas tienen que registrar la identidad de un usuario, en cuanto se inscribe en una nueva cuenta, pero, para eludir esta normativa, algunas Bolsas ofrecen instrumentos para operar, los cuales no se negocian en las Bolsas normales. Esta negociación *extrabursátil* también se conoce como Over the *Counter* (*OTC*). *Chainalysis* sospecha incluso que, la mayoría de los *operadores de OTC* se especializan explícitamente en el lavado de dinero. Se sospecha, que la regulación de estos ámbitos dará lugar a un balance más positivo.

Explicación de los términos

En definitiva, hay tantos términos en el contexto de las Criptomonedas, que un pequeño glosario le podría ser muy útil. Voy a intentar brindarle, una visión general de los términos y definiciones más importantes en torno a las Criptomonedas y al *Bitcoin,* que aún no ha encontrado en esta guía o de las cuales, usted necesita una explicación más amplia.

MONEDAS, BITCOINS, ALTCOINS

Los términos de Criptomonedas pueden definirse a veces de forma muy diferente, aunque se utilicen como sinónimos. Bajo el termino *Monedas* o *coins*, los usuarios resumen cualquier Criptodivisa. Estas, a su vez, se dividen en las distintas Criptomonedas: *Bitcoins, Litecoin, Ethereum, Tether,* etc. Bajo el nombre *Altcoins*, de *Alternative Coins*, los usuarios entienden todas las Criptodivisas que no son *Bitcoin,* ya que *Bitcoin* no sólo es la Criptodivisa líder, sino que también fue la primera de su tipo.

TOKEN

A veces sucede que, el término *Token* se utiliza como sinónimo de *Moneda*, pero en realidad hay diferencias significativas entre ellos. Como usted ya ha aprendido en las páginas anteriores, el término *Coin* abarca todas las Criptodivisas. Sin embargo, los usuarios relacionan *Token,* con una especie de valor cotizable en cuanto a una Criptomoneda. Este se trata de un valor determinado o bien económico. Y no suele tener valor propio, pero debido a la demanda de estos *Tokens*, se pueden negociar a un determinado precio.

La separación de los dos términos se hace más evidente en el aspecto técnico. La mayoría de las *Monedas* utilizan sus propias *cadenas de Bloques*, mientras que los *Tokens* dependen de *Cadenas de Bloques* de terceros. Los *Tokens* son emitidos, principalmente, por las empresas que están detrás de las *Ofertas Iniciales de Monedas* mencionadas anteriormente, con el fin de recaudar suficiente capital para proyectos futuros. El inversor compra los *Tokens* y espera a cambio, que la demanda de esta Criptodivisa aumente en el futuro y por tanto también el valor de sus *Tokens*. El desarrollo de la empresa desempeña un papel importante en este sentido.

ÍNDICE DE PRECIOS DE BITCOIN

En las Bolsas clásicas, como el EUREX o el NYSE, las acciones más valiosas se agrupan en los llamados índices. Un índice muy conocido que refleja el valor de las 30 empresas más valiosas y líquidas de Alemania es el *Deutsche Aktien Index,* o abreviado *DAX*. También existe un índice de este tipo para la Criptomoneda *Bitcoin*, el *índice de precios de Bitcoin*. Sin embargo, a diferencia de los índices clásicos, este no señala el valor medio de las distintas *Monedas*. Sino que, como su nombre lo indica, sólo incluye en el índice, el valor del *Bitcoin*. Reflejando así, el valor promedio del *Bitcoin* en las Bolsas de Criptomonedas de todo el mundo.

NODO

Los *nodos* se definen como punto de unión, es decir, especifican a usuarios y a sus softwares, dentro de una *red de pares.* Estos son esenciales para el perfecto funcionamiento de una Criptomoneda, como *el Bitcoin.* En el caso de *Bitcoin,* un usuario puede elegir entre diferentes modelos de *nodos* o software para ejecutar en su ordenador. El tipo de *nodo* determina en última instancia las tareas que puede realizar el usuario en la red. Sin embargo, para poder realizar las tareas respectivas, los *nodos* deben descargar y procesar toda la *cadena de Bloques* o sólo partes individuales de ella.

Los nodos *ligeros* son nodos que sólo descargan y procesan partes de la *Cadena de Bloques.* Estos *nodos* sólo necesitan la *cabecera* de un *Bloque,* para su correcto funcionamiento (ver capítulo: *Bloque*). Por ejemplo, la *aplicación Bitcoin Wallet* para Android es un *nodo ligero.* El termino *nodo completo* o *cliente de nodo completo,* se designa a un *nodo* que descarga la *Cadena de Bloques* completa. Para que un *nodo* funcione *a pleno rendimiento* se necesita, entre otras cosas, un ancho de banda muy amplio. La principal ventaja de un *nodo completo* es que, no tiene que depender de los *Bloques* de otros usuarios, sino que puede verificar la propia *Blockchain. Los nodos completos* trabajan estrictamente según el conjunto de reglas de los respectivos desarrolladores de la *Moneda* y forman la columna vertebral de la red. También tienen la capacidad de *minar,* a diferencia de los *nodos ligeros,* que sólo pueden verificar las transacciones.

(Si usted quiere ver aproximadamente cuántos *nodos* existen en el mundo, visite *bitnodes.io,* que desglosa los *nodos* por naciones y los clasifica. A principios de 2020, Alemania ocupaba el segundo lugar con una cuota superior al 18% del total de *nodos* de la *red Bitcoin*).

VALOR HASH

Un *valor Hash* (*to Hash* engl. para desmenuzar/trocear) es, en general, un valor que se calcula a partir de cualquier dato digital, como una clave, utilizando funciones matemáticas complejas. El procedimiento garantiza que el valor calculado sea siempre el mismo. Si los datos en los que se basa el *valor Hash* cambian, el *valor Hash* calculado también cambiará. Como su nombre indica, la *función Hash* no hace otra cosa que trocear los datos entrantes según determinadas características y luego asignarlas a sus propios *valores Hash*. La gran ventaja de este procedimiento, sin embargo, es que los datos originales no pueden ser calculados a partir de los *valores hash* (la *función Hash* más conocida es probablemente el *algoritmo SHA256* utilizado por *Bitcoin* para la *minería*).

SOFT CAP /HARD CAP

Cualquiera que se ocupe de las *Ofertas Iniciales de Monedas*, es decir, de la oferta pública inicial de Criptodivisas, se encontrará tarde o temprano con los términos *Soft Cap* o *Hard Cap.* Estos términos se utilizan para los objetivos de financiación de una empresa y sus *ICOs.* El *Soft Cap* indica el objetivo de financiación más bajo que debe alcanzarse para que el proyecto y el *ICO* se lleven a cabo con éxito. Si no se alcanza este objetivo, el proyecto no podrá continuar y el *ICO* habrá fracasado. Una empresa de renombre suele ofrecer la posibilidad de reembolsar las inversiones ya realizadas en caso de que la *ICO* fracase.

El *Hard Cap* es el objetivo superior de financiación y suele ser bastante más alto que el *Soft Cap* Incluso si la empresa fuera capaz de reunir capital por encima de este objetivo, éste no se superaría. El término *Hard Cap* suele utilizarse como sinónimo de valor de mercado posterior o capitalización bursátil de la empresa.

BIFURCACIÓN

Se suele hablar de una bifurcación, en el árbol de desarrollo del *software de código abierto*. Dado que prácticamente todo el mundo en un *proyecto de código abierto* tiene acceso al código fuente del proyecto, los usuarios pueden hacer sus propias versiones de este. Si existe más de una versión del código fuente original. Se ha creado una *Bifurcación*.

El concepto de *software de código abierto* pretende impulsar su desarrollo de esta manera, garantizando al mismo tiempo el libre intercambio de información. El código fuente de las Criptomonedas, como *Bitcoin*, también es de *código abierto*. Cualquiera puede revisar o modificar el código fuente. Sin embargo, todos los usuarios de la red de Criptomonedas deben estar de acuerdo con estas modificaciones antes de que puedan aplicarse. Los participantes se limitan a votar sobre el uso de la versión concreta del software. Este tipo de *Bifurcación de software* se puede observar con más frecuencia, por ejemplo, en el desarrollo de *altcoins*. El código fuente de *Bitcoin* se utiliza como base, donde se hacen modificaciones y se añaden características y finalmente agregándole un nuevo nombre. Cuando la estructura del protocolo de una Criptodivisa se modifica de tal manera que, una norma antes prohibida sea ahora permitida, puede producirse la llamada *Bifurcación extrema*. Esto significa que, cualquiera que no se adhiera a las nuevas normas será excluido de la red. Tras una *Bifurcación extrema*, la *Cadena de Bloques* de la red también se divide en dos versiones diferentes. Un ejemplo de ello es la bifurcación de la *Blockchain de Bitcoin* que se produjo el 1 de agosto de 2017, donde la comunidad discutió sobre cómo manejar el escalamiento de la red. Finalmente, la comunidad, y por tanto la *Cadena de Bloques,* se dividió en *Bitcoin* y *Bitcoin Cash*. Desde entonces, ambas *Blockchains* conservan las mismas transacciones originales, pero con caminos distintos.

Si la estructura del protocolo de una Criptomoneda se modifica de tal manera que, una regla antes permitida ahora sea prohibida, se producirá una *Bifurcación suave*. En este tipo de *Bifurcación,* los usuarios de las antiguas reglas pueden seguir participando en las nuevas reglas o en la red porque no entran en conflicto con el protocolo actual.

Conclusión:

Espero que, después de leer esta guía, usted pueda sumergirse en el mundo de las Criptodivisas con mucha más confianza. Ahora podrá tener la capacidad de comprar Criptodivisas, comerciar con ellas de diversas formas y ejecutar transacciones en su smartphone y ordenador. Usted ya conoce gran parte de la terminología en torno a las Criptomonedas, el trasfondo técnico aproximado y su funcionamiento. Al final, analizamos incluso las opiniones de los críticos.

Para concluir, las Criptomonedas son una tecnología novedosa y emocionante que aún, sigue siendo estudiada por personas expertas en tecnología de todo el mundo y va evolucionando a una velocidad vertiginosa. Esta tecnología está esperando a ser utilizada por usted, por eso le deseo mucho éxito y todo lo mejor en el proceso.